PIERRE MARTEL

Le Bon Sens

EN FACE DU DOGME ET DE LA MORALE

ESQUISSE DE LA MORALE INDÉPENDANTE DU DOGME

LÉON FRÉMONT

Imprimeur

ARCIS-SUR-AUBE

1901

LE BON SENS

EN FACE DU DOGME ET DE LA MORALE

PIERRE MARTEL

Le Bon Sens

EN FACE DU DOGME ET DE LA MORALE

ESQUISSE DE LA MORALE INDÉPENDANTE DU DOGME

LÉON FRÉMONT

Imprimeur

ARCIS-SUR-AUBE

—

1901

A MES LECTEURS

Ce petit volume est d'un écrivain inexpérimenté, qui éprouve le désir peut-être illusoire de donner une occupation utile à la fin de sa vie en exposant les convictions auxquelles l'a conduit lentement l'effort de ses réflexions sur la religion et sur la morale.

La seule originalité à laquelle il puisse prétendre, est d'être sorti non pas de la plume d'un moraliste ou d'un écrivain de profession, mais de celle d'un industriel longtemps tourmenté de l'inquiétude de la Vérité et l'ayant poursuivie avec persévérance pendant les rares loisirs que lui laissaient ses occupations.

L'auteur vous dira sincèrement et brièvement à quelles conclusions il est arrivé par un long chemin. Après avoir vécu jusqu'à l'âge mûr dans la foi religieuse portée jusqu'au prosélytisme, après avoir demandé à de nombreuses lectures la justification des bases fondamentales de la religion catholique et s'être assimilé les arguments de ses apologistes, il a été assailli et tourmenté par le doute. Alors voulant en finir avec les incertitudes et donner à ses croyances des fondements inébranlables, il s'est placé idéalement dans la situation d'esprit d'un homme neuf dépouillé autant que possible de tout préjugé, et ayant à choisir entre les divers dogmes religieux ou philosophiques qu'on lui présente chacun comme la seule expression autorisée de la volonté divine. Il a appelé au débat les conceptions philosophiques anciennes et modernes, et enfin sa raison a prononcé son jugement qu'il soumet, dans ces pages, à l'appréciation de ses lecteurs.

Quoique, pour la facilité de l'exposition, l'auteur ait employé quelquefois la forme didactique, il est loin de prétendre à enseigner. Il borne son ambition à offrir son concours aux hommes de bonne volonté qui cherchent leur voie, comme il l'a fait, et que le souci des devoirs d'état ramène constamment comme lui sous la tyrannie du travail quotidien. Il les prie d'accepter sa contribution à leurs efforts. Il ne s'adresse pas à un public spécial, mais à tous et il s'efforce de parler le langage intelligible à tous les degrés d'instruction, celui du bon sens.

Le bon sens est l'instinct du vrai. Quand notre raison argumentant s'arrête déconcertée et balbutie en présence d'un sophisme ou d'un paradoxe, c'est lui qui élève la voix et nous avertit sans hésiter que la vérité n'est pas là. Comme tous nos instincts, il est sujet à s'atrophier dans l'inaction ou par un excès de culture intellectuelle; c'est un outil délicat et qui se fausse par un usage maladroit.

Avec ses avantages et ses imperfections, le bon sens reste le résumé concret de la sagesse humaine. Si Dieu a énoncé des vérités intéressant le salut de tous les êtres, ces vérités ne peuvent être offertes à notre acceptation que dans la forme et avec les garanties les plus propres à satisfaire notre bon sens; il serait inique qu'il en fût autrement. C'est donc à cette faculté que l'auteur fait plus particulièrement appel pour prononcer le jugement des doctrines qu'on offre aux hommes comme venant de Dieu même et pour assurer la bonne direction dans la poursuite de l'idéal moral.

Puisse le bon sens avoir promptement le dernier mot dans les contradictions de notre conduite morale actuelle.

PREMIÈRE PARTIE

LES DOGMES

I

Nécessité d'une conviction morale.

Est-il vraiment nécessaire de nous mettre en peine d'une loi morale ? — Certaine école prétend que non. Si elle avait raison, le travail que nous entreprenons serait inutile.

« La nécessité d'une loi morale, dit-elle, n'est nullement démontrée. L'homme atteindrait tout le bonheur dont il est capable, par la liberté de ses mouvements, par l'excitation de la lutte et le plaisir de la conquête. La morale qui comprime les élans naturels ne peut laisser à l'homme qu'une vie atrophiée, un bonheur conventionnel au lieu de la réalité. Il est dans la nature que le fort élimine le faible et jouisse de son triomphe, et, après tout, cela est désirable dans l'intérêt général. La morale assurant et perpétuant l'existence des infirmes, commet une faute lourde et compromet l'avenir. »

1.

L'histoire de l'humanité se charge de faire la critique de cette assertion. Partout les hommes ont commencé par vivre sans contrainte et en ne reconnaissant d'autre loi que la force brutale. Leurs activités naturelles n'ont pas eu à se restreindre au début. Partout cependant ils ont aspiré à un meilleur régime et se sont placés sous la sauvegarde d'une règle de conduite.

C'est qu'on ne peut raisonner pour l'homme comme on le ferait pour l'animal. Nous avons d'autres besoins à satisfaire que les bêtes, et nous ne pouvons pas, comme elles, nous abandonner avec sécurité à toutes nos impulsions. Il en est qui nous font expier durement notre obéissance. Nos mouvements ne sont pas réglés comme ceux des animaux et la nature impose à notre intelligence un rôle d'intervention et de contrôle nécessaire. Nous sommes portés à abuser de toutes les jouissances au détriment de notre santé physique et de la vigueur de nos facultés, et nous devenons les premières victimes très malheureuses de l'intempérance de nos désirs, en attendant que les autres hommes aient à en souffrir ou qu'ils nous fassent souffrir de leurs propres excès. Le désordre se met ainsi dans toute la vie sociale où chacun gêne son voisin sans profit pour soi-même. Car nos instincts physiques maladroitement satisfaits ruinent notre santé, oppriment nos instincts moraux et nous abandonnent ensuite à une telle angoisse que le dégoût et la lassitude peuvent nous conduire jusqu'au suicide.

Voilà ce que proclame l'expérience et il est inutile de dresser contre cette autorité un système conventionnel. Si on pouvait reconstituer aujourd'hui une humanité sans morale, elle ne tarderait guère à rechercher fatalement une règle dont ses aspirations au bonheur lui indiqueraient de nouveau la nécessité. Elle emploierait ses énergies à remonter de la barbarie à la civilisation.

Sans doute il est à souhaiter que les infirmes épargnés par la charité des peuples civilisés n'envahissent pas le monde et n'y perpétuent pas indéfiniment les causes de souffrance et de misère physique ou morale; mais il existe pour en réduire le nombre d'autres armes que la force brutale; c'est la morale et la science. Instruisons mieux l'homme des conséquences de ses actes; plaçons-le dans un milieu social plus apte à développer ses bons instincts et moins excitant pour ses mauvaises passions; que la science médicale poursuive sa lutte contre les germes morbides héréditaires. Ainsi pourra se réaliser l'arrêt de la dégénérescence et cela vaudra mieux que de prétendre guérir la société en la ramenant à l'état sauvage et à la tyrannie des violents.

L'homme a suffisamment prouvé qu'abandonné à lui-même sans règle il n'est pas toujours bon; il est même souvent d'une fertilité d'invention dans la cruauté et la perversité tout-à-fait déconcertante. Quand il n'est pas méchant par intérêt ou par passion, il l'est souvent par ignorance. Il faut donc l'instruire, l'encourager au bien et enfin le contraindre, s'il est mauvais, à épargner les bons.

Or il y a deux manières de contraindre : celle qui subjugue par la force la résistance du révolté et celle qui invite l'homme à se commander librement à lui-même. C'est à ce dernier mode incontestablement préférable que tend l'enseignement de la morale. Il introduit dans les déterminations humaines un élément de résistance aux impulsions désordonnées. Si la loi morale régnait universellement, les rêves les plus utopistes de l'anarchie sociale seraient réalisés ; il n'y aurait d'autre autorité que la volonté individuelle visant au bien collectif ; la vie serait douce et la société n'aurait plus que faire des juges, des prisons et des bourreaux.

D'où nous vient la morale ? Les religions prétendent l'avoir fondée sur la parole de Dieu ; mais la vérité historique est que ce sont les instincts moraux de l'homme qui ont fondé des religions partout où une société s'est organisée. Plus tard les religions, méconnaissant leur origine, enseignent à l'homme qu'il est foncièrement vicieux et que sans elles il serait incapable de rien qui vaille.

Au début des sociétés, alors que l'homme ignorant sort à peine de son isolement, qu'il est encore en proie aux dangers et aux terreurs dont l'environnent les ténèbres de la nuit et le tumulte des tempêtes où il croit entendre les voix d'ennemis invisibles, l'idée morale s'associe aux conceptions

plus ou moins naïves d'imaginations hantées
par le respect du merveilleux et de l'inconnu surnaturel. Les dogmes religieux naissent de ce gros-
sier amalgame.

Plus tard quand les progrès des connaissances
humaines ont restreint le rôle du surnaturel dans
les sociétés civilisées et quand l'affinement intellectuel a ouvert des vues plus justes sur le bien
idéal, les religions s'épurent sous l'influence d'un
prophète, d'un messie ou d'un réformateur. C'est
l'heure de Çakya-Mouni, ou celle de Jésus-Christ.

Ces initiateurs, en revêtant d'une définition
plus nette et plus noble la loi du devoir, donnent
à la civilisation une impulsion féconde ; mais
parce qu'ils précisent le dogme et l'imposent dans
sa nouvelle forme au nom de Dieu même, ils fi-
gent la religion au point du développement intellectuel caractérisant l'époque de leur intervention.
Il en résulte que, le dogme étant condamné à
l'immobilité tandis que la société continue son
évolution vers le progrès, un nouveau désaccord
se produit entre la religion et la science humaine.
Il faudrait de nouvelles révélations périodiques
pour rétablir l'harmonie et servir de point de départ à de nouvelles étapes ; mais elles sont d'autant moins possibles que la religion s'est montrée plus autoritaire et s'est enfermée elle-même
dans des définitions plus détaillées de ses dogmes.

C'est à ce moment de désaccord que se trouve
la société européenne, plus particulièrement chez
les nations catholiques ; car chez les nations pro-

testantes, le libre examen sauvegarde une partie des droits de la raison et laisse plus d'élasticité pour l'adaptation de la morale religieuse aux mouvements progressistes de la pensée. Pour ne parler que de la nation qui nous intéresse plus que le reste du monde, voici où nous en sommes en France. Les trois quarts de la population ne croient plus à la religion; et il faudrait réduire encore considérablement la proportion des fidèles par rapport aux incrédules si les campagnes les plus éloignées du progrès intellectuel ne continuaient à fournir à l'Eglise le gros de son armée; car l'intensité de la foi est partout en raison inverse du degré de culture des populations. Dans une grande ville, quand, dans une paroisse de vingt mille âmes, les grandes fêtes canoniques amènent trois mille personnes à la table de communion, l'Eglise proclame son triomphe. Or, ce nombre restreint ne comprend pas plus de trois à quatre cents hommes libres dans la manifestation de leur conviction, et souvent moins; le reste est composé des femmes, des enfants et des domestiques. Les enfants ne comptent guère puisque, dès qu'ils en ont la liberté, la plupart désertent les offices religieux. Bon nombre de domestiques, et surtout les domestiques mâles, n'y assistent que par l'ordre des maîtresses de maison. Que reste-t-il donc comme manifestation sincère de la foi ? Il reste un groupe assez compact de femmes plus timides que les hommes à s'affranchir de la crainte de l'enfer, plus intéressées aussi à un culte qui fournit un aliment à leur sensibilité, qui les glo-

rifie dans la maternité de Dieu, qui les choie
comme sa dernière ressource, enfin qui les con-
sole et leur offre un monde surnaturel pour refuge
quand les hommes font un sort trop rude à leur
faiblesse.

Il se produit en France depuis quelques années
un mouvement apparent de retour à la religion
qui y puise l'espérance de reconquérir sa domi-
nation sur les peuples civilisés. En réalité c'est
vers la morale et non vers le dogme religieux
que se portent les aspirations de beaucoup
d'hommes généreux, justement préoccupés du
relèvement de la patrie. La caractéristique de
cette croisade pieuse est qu'elle est menée par
des gens qui ne croient nullement aux dogmes,
mais qui ne pouvant ni inventer un culte dépouillé de fables et de pratiques puériles, ni
convenir d'une formule morale nouvelle, se réfu-
gient dans le temple ouvert, avec l'espoir que la
foule suivra leurs pas et que la religion facilitera
ce bon mouvement par quelques concessions à
l'esprit moderne. Vaine illusion. La religion est
enchaînée à son passé et n'est pas libre d'entrer
dans la voie du progrès. Il est absolument impossible et il n'est pas à souhaiter de réconcilier les
esprits éclairés par l'instruction avec des superstitions mystérieuses qui ne peuvent prendre racine que dans l'ignorance. Ces superstitions sont
la gangue impure et inséparable des cultes religieux. Elles se sont moulées dans le dogme et,
après avoir été un élément de succès de la doctrine
sur les âmes naïves, elles sont devenues sa tare

irréparable et la cause de sa ruine. Les pays sauvages peuvent encore offrir un champ fertile à la propagation de la foi, et la religion y exercera sans doute une heureuse influence sur le progrès moral ; malheureusement, nous ne pouvons admirer sans tristesse le zèle généreux de ses missionnaires lorsque nous pensons que l'erreur qu'ils implantent dans ces nouvelles régions, devra être extirpée un jour au prix de quels nouveaux sacrifices ?

Comme l'enseignement moral était chez nous intimement lié au dogme, il est arrivé que les quatre cinquièmes des Français représentant la partie incrédule de la population sont incapables aujourd'hui d'attribuer une autorité à la loi morale alors qu'ils n'en accordent plus à la religion. Notre société continue à marcher à peu près aussi droit qu'auparavant à cause de l'impulsion ancienne ; mais la force s'use et notre situation devient bien dangereuse et bien précaire.

Beaucoup d'entre nous sentent la menace de l'avenir et ne sachant comment la conjurer, n'apercevant nul secours, s'accrochent désespérément à la nacelle qui sombre. S'ils ont quitté la barque, ils y laissent leurs enfants. L'enseignement par les religieux n'a jamais eu plus de vogue.

Nous donnons ainsi le spectacle d'inconséquences étonnantes. Nous confions nos enfants à l'Eglise pour qu'elle imprime dans leur jeune esprit des croyances et des formes de jugement

que nous savons être fausses et que nous avons
rejetées pour nous-mêmes. Nous exigeons qu'ils
soient respectueux de ces maîtres qui leur enseignent l'erreur ; mais il nous est bien difficile de
ne pas témoigner quelque impatience quand nous
voyons nos grands garçons attendre le succès de
leurs concours d'un don à saint Antoine, ou d'un
cierge brûlé devant une statue de la vierge en
renom, ou d'une devise pieuse inscrite dans le
coin de leur copie.

On gémit avec raison sur l'impuissance des
caractères à notre époque, sur la tristesse et le
pessimisme des jeunes, sur leur dégoût de vivre. Les causes en sont complexes ; mais il en
est une qui se dégage plus nettement que les
autres : c'est le manque de conviction que crée
dans les âmes le désaccord entre les évidences
rationnelles et les préjugés conventionnels. Pour
marcher dans la vie avec confiance et avec goût,
il faut croire à la supériorité de quelque principe,
à la valeur d'un idéal et à l'utilité d'en poursuivre la réalisation. Or nous commençons par tromper nos enfants dès le début de la carrière en les
mettant sur une fausse piste ; nous les dirigeons
vers un idéal religieux dont les erreurs et le
manque d'autorité nous sont connus et ne pour-
ront tarder de leur apparaître dès que leur intelligence sortira du jour tamisé de l'Eglise et rece-
vra la lumière du plein air. Ils se rattraperont
alors de l'abus qu'on a fait de leur simplicité, en
doutant de tout et en ne respectant plus rien.

Et comment agirions-nous autrement tant que

nous ne savons pas nous-mêmes nettement ce qu'il faut vouloir, tant que nous sommes incapables de choisir dans les vieilles traditions ce qui est vérité bonne à conserver ou erreur à rejeter? Pouvons-nous froisser le sentiment religieux de notre mère et de notre femme avant d'être en mesure de leur indiquer avec précision pourquoi nous n'acceptons pas l'ancien dogme pour nous ni pour nos enfants et par quoi nous le remplacerons?

Il est donc urgent de nous faire une opinion raisonnée et de nous mettre d'accord sur la nouvelle formule de la loi morale; car notre société est condamnée à déchoir tant que durera cette période de désorganisation pendant laquelle s'élabore l'organisation de l'avenir et elle ne peut espérer un relèvement que lorsque la majorité des Français saura exactement dans quelle direction elle veut aller et rejettera résolument les compromis mensongers. Il importe à la prospérité de notre pays que l'avènement de ce jour ne tarde guère.

Est-il donc si difficile à un homme d'intelligence et d'instruction moyennes de se faire avec le concours de son bon sens une opinion sur les principes indispensables à sa conduite? Faut-il nécessairement employer pour traiter ces questions un vocabulaire ésotérique qui décourage le public? La connaissance du devoir et de son autorité ne doit-elle se manifester qu'aux savants, aux métaphysiciens qui peuvent consacrer des années à cette étude?

Nous allons essayer d'aborder dans le langage connu de tous la discussion de la règle qui intéresse tout le monde, et d'asseoir notre opinion, non plus sur des hypothèses métaphysiques nuageuses, mais sur des constatations de faits accessibles à l'observation de tous les hommes.

II

La religion catholique a-t-elle autorité pour nous enseigner la loi morale véritable ?

Avant de nous mettre en quête d'une forme nouvelle d'enseignement moral, il convient de bien nous assurer que l'ancienne ne peut plus servir.

C'est la religion catholique qui personnifie chez nous la morale ; c'est à elle que nous devons d'abord demander les preuves de son autorité.

Certes tout n'est pas mauvais dans notre vieille religion ; quand une légère crainte de persécution la tient en éveil sur elle-même, quand elle ne dispose ni de trop de richesse, ni du bras séculier prêt à se mettre au service de son zèle intolérant, quand elle ne peut agir sur l'esprit des hommes que par la persuasion et par le prestige de la doctrine évangélique, elle offre au croyant un puissant secours dans la pratique du bien tel qu'il le conçoit.

Le catholique convaincu qui accepte comme expression de la volonté divine les invraisemblables assertions des écritures saintes, jouit de certains avantages. Il est convaincu qu'il n'ignore rien de tout ce qui tourmente le plus notre curiosité. Il croit savoir d'où il vient, à quelle fin il tend, pourquoi il est dans ce monde, et la raison de ses souffrances, et ce qu'il doit ou ne doit pas faire. Pour lui, il n'y a guère d'abstraction inaccessibles, pas d'idéal indéfinissable. Tout se montre à lui sous des apparences sensibles dans son Dieu familier, à figure humaine. Le fidèle se sent en intimité avec cet ami tout-puissant qui a souffert comme lui, qui intervient à tout moment dans sa vie pour modifier les conséquences régulières des forces naturelles, dont il cherche enfin à oublier les terribles colères pour ne se souvenir que de son rôle paternel. Le chrétien vit peu de la vie de ce monde qui est trop souvent douloureuse; il la traverse en rêvant d'un bonheur éternel.

La présence continuelle de l'idée de Dieu dans les âmes ferventes est pour elles une force et une consolation. Jamais une doctrine morale pure des conceptions humaines qui créent les dieux accessibles, n'aura le pouvoir de produire les renoncements et la résignation du bouddhisme ni la soif de sacrifice du christianisme.

Seulement pour profiter de ces avantages il ne suffit pas d'une soumission extérieure, d'une convention de bonne volonté avec soi-même. Il faut la conviction intime. Or on ne peut croire par ordre, ni par intérêt, ni même par un effort de la volonté. On ne peut croire quand la raison se révolte. Il est même de notre devoir strict de demander l'approbation de notre raison; car c'est elle qui doit nous ramener dans le bon chemin si nous n'y sommes pas. Comment un juif ou un musulman se convertiraient-ils au catholicisme s'ils ne devaient pas soumettre à leur raison les preuves de l'autorité de cette religion ?

Nous aussi, nous lui demandons ses preuves ; car si Dieu doit peser un jour nos actions et nous condamner à des supplices atroces pour nos manquements à la loi, il est de simple équité qu'il nous désigne cette loi d'une manière non équivoque, exempte de la possibilité d'incertitude. Il faut qu'il nous montre, de façon à ce que nous ne puissions nous y tromper, quelle est celle des confessions religieuses présentées à l'homme en son nom qui est la véritable, la seule bonne, celle hors de laquelle il n'y a pas de salut. Punirions-nous nos enfants si nous ne leur avions pas fait connaître nettement notre volonté ? Dieu doit donc désigner manifestement sa loi, non pas seulement à une élite intellectuelle ou sentimentale, mais à toute créature destinée à être jugée sur son obéissance au dogme. Un paysan, un illettré, un homme quelconque attaché pour vivre et pour nourrir les siens à un labeur quotidien qui ne lui laisse point de temps pour de longues recherches, doit savoir, à n'en pas douter, que la vérité est là et non ailleurs.

Cette évidence à laquelle nous avons droit, nous devons d'autant plus l'exiger que, dès que nous l'aurons acceptée, nous serons tenus d'enchaîner notre raison et de donner notre adhésion à une foule de propositions qui la mettront à une rude épreuve.

Or la preuve décisive qui doit nous montrer

que la religion est la voie véritable, n'existe pas. J'affirme que je l'ai inutilement cherchée avec la plus entière sincérité, avec le plus vif désir de la trouver et en employant les restes de ma foi ébranlée à prier Dieu instamment d'éclairer ma bonne volonté. L'Église elle-même reconnaît qu'elle ne peut nous imposer la foi par la raison ; car elle a adopté à ce sujet une argumentation singulière ; « Si Dieu, dit-elle, forçait notre sou-« mission par l'évidence, où serait le mérite de « notre foi ? » C'est là une explication comme on en invente quand on y est forcé pour remplir un vide, mais qui ne réussit pas à en fermer l'ouverture. Est-il donc vrai que l'évidence du devoir et des conséquences de son mépris contraigne irrésistiblement la volonté humaine ? N'avons-nous jamais désobéi à nos parents ? Avons-nous toujours été retenus par la punition lointaine de chercher le plaisir immédiat ? Et pour prendre un exemple dans la Bible même, Eve qui avait vu Dieu et avait reçu de sa bouche la défense de manger du fruit fatal, Eve qui n'était pas sujette à la concupiscence, n'a-t-elle pas donné la preuve que Dieu n'avait pas à craindre de trop enchaîner notre liberté de mal faire en nous marquant nettement notre devoir ? Et l'apôtre Pierre n'a-t-il pas renié Jésus-Christ ?

Je dis que la preuve certaine de la divinité de la religion catholique n'existe pas. Nous allons nous en convaincre par un rapide examen des bases fondamentales de ses dogmes. Si je donne quelques développements à cette argumentation, c'est qu'il ne suffit pas de ne pas croire ; il faut, pour ne pas être exposé à de continuelles incertitudes, savoir exactement pourquoi on ne croit pas. Il faut pouvoir le dire et n'être pas condamné au silence devant des affirmations téméraires.

Nous ne croyons pas parce que non seulement on ne nous fournit aucune preuve sérieuse pour imposer à notre raison les dogmes invraisemblables de la religion catholique, mais parce que de plus ses livres sacrés, son histoire, sa lutte constante contre les progrès de la vérité scientifique proclament hautement que Dieu est resté totalement étranger à cette institution humaine.

III

**Les livres sacrés ne nous offrent aucune garan-
tie ni sur leur origine, ni sur la transmission
intégrale des textes primitifs.**

Tout l'enseignement dogmatique de l'Eglise
catholique repose sur les livres saints, sur l'Ancien et le Nouveau Testament. Ces livres composent la Bible. D'où viennent-ils ? Quels en
sont les auteurs ? Nous sont-ils parvenus intacts ?
Comme on prétend nous imposer le respect
absolu de leur texte et que certaines obligations
de la doctrine ne s'appuient que sur quelques
mots ou quelques membres de phrases à sens
souvent ambigu, il faudrait avant de nous y soumettre nous assurer que ces écrits émanent d'auteurs dont le caractère offre toute garantie, et
qu'ils n'ont subi aucune altération volontaire ou
involontaire.

Parlons d'abord des livres de l'Ancien Testament.

De ce que les Juifs les vénéraient et nous les
ont transmis comme un monument très ancien de
leur foi, il ne s'ensuit pas qu'ils aient plus de
droit à notre respect que les Védas des Hindous,
ou le Zend Avesta des Guèbres.

Leur composition générale ne révèle nullement

2

l'intention de Dieu de mettre sa créature en possession d'un manifeste clair et précis de ses volontés. C'est un assemblage de compositions hétéroclites où la poésie, le merveilleux, l'histoire, les lois politiques et religieuses se montrent singulièrement amalgamés.

Max Nordau en fait une critique assez humoristique dans *Mensonges conventionnels*. « La « science historique, dit-il, nous a appris com- « ment la Bible s'est formée. Nous savons qu'on « nomme ainsi une collection d'écrits aussi diffé- « rents d'origine, de caractère et de contenu que « le serait un livre renfermant, par exemple, le « poème des Nibelungen, un code de procédure « civile, des discours de Mirabeau, des poésies « de Heine et une méthode zoologique. »

Il est certain qu'il n'y a pas trace d'unité dans l'ensemble, ni de suite d'intention commandant toute l'œuvre.

La science archéologique ne nous laisse plus ignorer que nous sommes souvent dans les récits bibliques en présence de traditions légendaires d'autres peuples adaptées à l'histoire des Juifs et à leur conception religieuse plus éclairée que celles du passé. La découverte des tablettes d'argiles assyriennes et le déchiffrement de l'écriture cunéiforme ont révélé que les Juifs n'ont pas eu la primeur des récits, devenus bibliques, sur la création, le déluge, l'arche, la tour de Babel, etc., etc. Ils les ont empruntés à la littérature sacrée des peuples avec lesquels ils ont vécu on contact, Chaldéo-Babyloniens, Assyriens, Phéniciens, Egyptiens.

Des Védas ils ont copié la conception miraculeuse du Bouddha, l'annonciation à sa mère Maja, sa naissance durant un voyage, sa tentation et quelques autres traits de sa vie et de son enseignement.

Quant aux auteurs de la plupart de nos livres sacrés, on en est réduit à les conjoncturer.

Cette incertitude originelle est déjà fort surprenante pour des textes destinés à être la seule sauvegarde de la rectitude de la doctrine. Mais elle s'accroît de toutes les péripéties subies par les textes primitifs et elle se change en la funeste certitude que nous n'avons plus entre les mains qu'une copie altérée ou une reconstitution plus ou moins fantaisiste des originaux.

En ce qui concerne les livres de la loi antérieure à la captivité des Juifs à Babylone, on doute qu'un exemplaire ait pu en être conservé pendant les soixante-dix ans qu'a duré l'anéantissement du culte (1). Eusèbe et saint Clément d'Alexandrie inclinent pour la négative. Ce fut un docteur, nommé Esdras, qui, après avoir ramené le peuple juif à Jérusalem, reconstitua ces livres, les uns disent avec certains fragments conservés, les autres disent avec le seul concours de l'esprit de Dieu. Dans les deux cas, la critique

---

(1) Les manuscrits étaient rares à cette époque. On doute que, même avant la captivité, il y ait eu plus d'un exemplaire du Pentateuque dans tout Israël.

indépendante voit là une grosse lacune de l'authenticité de leur exactitude.

Les textes de l'Ancien Testament n'apparaissent
consolidés dans leur forme à peu près définitive
que dans la version des Septante terminée dans
le ıı° siècle avant Jésus-Christ. Des altérations
qu'ils avaient éprouvées jusque-là, nous n'avons
nulle mesure. Mais cette version elle-même a
subi bien des remaniements. C'est la traduction
latine qu'en a faite saint Jérôme, en l'an 400 de
notre ère, que le Concile de Trente a admise au
xvı° siècle, après lui avoir imposé de nombreuses
corrections. On en compte deux mille rien que
par l'Ordre du pape Clément VIII.

Pour nous, qui ne sommes point tenus de savoir le latin, nous avons à raisonner sur une traduction française de la traduction latine de la
traduction grecque d'un texte hébreu qui n'était
pas l'écrit original. Cela fait trop de traducteurs,
trop de correcteurs, trop de gens inspirés de
Dieu et de leur zèle religieux. Je ne peux admettre que Dieu n'offre à l'homme de bonne volonté
comme fondement de sa loi, que des compositions
étranges, sans nom d'auteur, soumises à de pareilles vicissitudes et dont le contrôle échappe-
rait même au savant qui pourrait y consacrer
une vie d'étude.

Passons aux évangiles.

Ces quatre récits de la vie de Jésus-Christ sont
loin de nous présenter des garanties suffisantes
d'authenticité et de précision historique. J'ai lu
ce qu'en disent les meilleurs auteurs catholiques

et ce n'est guère convaincant. On peut admettre, sans doute, qu'ils existaient à peu près dans leur forme actuelle dans le siècle qui a suivi la mort de Jésus ; mais on n'a de cette époque que des fragments, et la reconstitution d'un document dont l'original a disparu laisse toujours place à quelque incertitude.

Ce qui éveille le plus nos doutes, c'est que l'histoire laïque, ne nous fournissant aucun renseignement sur la vie de Jésus-Christ, nous n'avons comme témoins de la vérité sur son compte que quatre récits de ses prosélytes, récits choisis parmi plusieurs autres dont le surnaturel a paru passer les bornes de la crédulité exigible. De quel droit en a-t-on retenu quatre comme exacts et rejeté les autres comme douteux et extravagants ? Comment fixer la limite où le surnaturel devient invraisemblable même à ceux qui ont la foi ? Et surtout comment affirmer que, dans les livres reçus, tout est rigoureusement exact et que l'imagination orientale n'y est point intervenue ?

Il serait singulièrement téméraire, par exemple, de prétendre que les discours attribués par saint Jean à son maître, écrits par lui de souvenir dans sa vieillesse, à quatre-vingt-dix ans s'il faut en croire ce qu'on nous en dit, et portant si manifestement l'empreinte de l'esprit personnel de l'écrivain non moins que de la philosophie grecque soient la traduction rigoureusement exacte des paroles du maître. Qu'y a-t-il de Jésus ? Qu'y a-t-il de saint Jean ?

2.

Le cantique de saint Siméon et celui de la Vierge ont-ils donc été retenus mot à mot par ceux qui les ont transmis bien longtemps après à saint Luc ? Ils n'ont pourtant pas été sténographiés. Et alors, quelle place tient dans ces récits la composition littéraire ?

Les quatre évangiles adoptés comme inspirés ne concordent pas entre eux ni dans l'ordre chronologique des faits, ni dans l'importance qu'ils leur attribuent. Le 4e Evangile diffère considérablement des trois autres, non seulement dans le langage qu'il prête à Jésus, mais pour les faits matériels de son existence, pour la durée de sa mission, pour le nombre de ses voyages à Jérusalem, pour les détails de la Passion et pour les événements qui la suivent.

Des circonstances insignifiantes de la vie du Messie sont notées soigneusement par tous les évangélistes, tandis que des faits ou des paroles d'une importance capitale pour la doctrine ne sont rapportés que par un ou deux des quatre écrivains et omis par les autres.

Sans nous arrêter aux difficultés insolubles des deux généalogies de Jésus-Christ, saint Luc le fait naître au moins neuf ans plus tard que saint Matthieu.

Saint Marc et saint Jean ne parlent pas de la virginité de Marie, ni de la naissance à Bethléem, qui paraît du reste fort douteuse et a été certainement arrangée plus tard pour concorder avec les prophéties, attendu que Nazareth est plusieurs fois désigné par les Évangiles comme le lieu de naissance de Jésus-Christ.

Les rois Mages, la fuite en Égypte, le massacre des Innocents ne se voient que dans saint Matthieu qui, ayant entrepris de justifier Jésus par les prophètes, a pu accueillir trop favorablement des rumeurs servant son plan (1), rumeurs qui n'étaient du reste que les réminiscences d'anciennes légendes d'autres religions.

La suprématie de saint Pierre n'est établie que dans saint Matthieu. Sans lui, l'Église catholique serait sans chef. Il est étrange qu'une institution si importante repose sur une base si étroite. Il est vrai que le XXI° chapitre de saint Jean lui apporte un faible appui par les paroles : « Pais mes brebis. » Mais qu'il est aisé de voir que ce chapitre sans lien avec ce qui précède, sans aucune analogie de style avec l'œuvre de saint Jean, a été ajouté après coup par un zélé défenseur de la papauté, de sorte que cette précaution de consolider les fondations de l'Église par une addition aussi maladroite prouve qu'on les jugeait insuffisantes.

Enfin, pour nous borner — car il s'en faut de beaucoup que le sujet soit épuisé — et pour finir par ce qu'il y a de plus étonnant, *l'institution de l'Eucharistie*, ce résumé de la foi catholique, ce signe caractéristique des fidèles *n'est pas men-*

---

(1) Peut-on tenir pour réel le massacre des Innocents si invraisemblable et dont on ne trouve mention nulle part dans l'histoire ?

tionnée dans saint Jean, qui cependant s'étend
beaucoup plus longuement que les autres évangélistes sur ce que Jésus a dit et fait hors de la
dernière cène (1).

Saint-Marc est le seul qui cite ces paroles :
« Faites ceci en mémoire de moi. » Aussi les
paroles : « Ceci est mon corps, ceci est mon
sang » n'ont pas été reçues tout d'abord dans un
sens absolu. Il a fallu des siècles et des discussions, et le jugement d'un Concile pour inventer
un sacrement que les apôtres n'ont pas connu,
en prenant au pied de la lettre ce qui devait être

---

(1) Un prêtre à qui j'avais soumis cette remarque m'a
objecté que l'institution de l'Eucharistie qui ne figure
pas dans le récit de la Cène est implicitement dénoncée
par le Chap. VI de l'Evangile de saint Jean. Mais je ne
souscris pas du tout à cette opinion.

En effet, saint Jean rapporte qu'à la suite du miracle
de la multiplication des pains, Jésus-Christ, fatigué par
la foule qui le harcelait lui dit : « Vous me cherchez
« parce que je vous ai donné du pain à manger. Mais ce
« n'est pas la nourriture périssable, c'est le pain de Dieu
« qui fait vivre éternellement. C'est moi qui suis le pain
« de vie. Mangez donc ma chair, buvez mon sang pour
« avoir la vie éternelle. » Et comme ces paroles scan-
« dalisaient, Jésus ajouta :

« Les paroles que je vous ai dites sont esprit et vie.
« La chair ne sert de rien. C'est l'esprit qui vivifie. »

C'est assez clair et ce texte me paraît singulièrement
appuyer ma thèse, à savoir, qu'il était impossible de
fonder le sacrement de l'Eucharistie si l'Eglise n'avait
eu à sa disposition que l'évangile de saint Jean. Du
reste, l'Eglise réformée qui est autant instruite des textes
sacrés que l'Eglise catholique n'admet pas le dogme de
la présence réelle, parce qu'en réalité il ne ressort claire-
ment d'aucun évangile.

vivifié par l'esprit, et ne pouvait raisonnablement
s'entendre que dans un sens figuré. Les paroles
du Christ sont pleines d'images, de symboles,
d'allégories qui seraient absurdes, prises littéra-
lement. Il dit : « J'ai une autre viande, c'est la
volonté de mon père. » Il fait souvent allusion à
la parole de Dieu comme « nourriture et bois-
son ». Il dit encore : « Je suis la porte, si quelqu'un entre par moi, il sera sauvé. » Cela s'entend
assez au sens figuré. Il serait absurde d'en faire
un sacrement.

En résumé, est-il possible de voir le signe manifeste de la sagesse divine dans ce procédé si
propre à créer des incertitudes, qui consiste à
ne laisser, comme témoignage de la mission
rédemptrice de Dieu, que des leçons orales con-
fiées aux variations de la mémoire des hommes et
rédigées longtemps après sous une telle forme et
avec de telles lacunes que l'histoire de l'Eglise
n'est qu'une série de controverses sur tous les
articles de foi ?

Dès leur première prédication, les apôtres
étaient arrêtés par une difficulté. Fallait-il imposer aux gentils la circoncision qui était le signe
des enfants de Dieu dans l'ancienne loi ? Jésus-
Christ ne s'était pas prononcé sur ce sujet ; il
avait dit seulement qu'il ne voulait pas changer
un seul point à la loi ancienne. Cependant les
apôtres décidèrent de supprimer la circoncision,
et ce fut le premier article réglé par la contro-
verse humaine pour compléter l'œuvre inachevée
de Dieu.

Depuis lors l'intervention d'une quantité de nouveaux sacrements et la définition longtemps débattue et contestée de nouveaux dogmes sont venus démontrer quel large rôle l'homme s'est attribué dans la manifestation des volontés divines. Aussi le père Marshal renonçant à la foi catholique après la proclamation du dogme de l'infaillibilité, pouvait-il dire : « Il est bien difficile de croire aux dogmes quand on a vu comment on les fait. »

IV

Erreurs scientifiques de la Bible.

Puisque les livres saints ne peuvent nous offrir pour garants de leur autorité des auteurs qui restent hypothétiques, et puisque l'authenticité de leurs textes ne saurait être prouvée, prenons-les tels qu'on nous les donne et cherchons à y découvrir le signe de l'intervention divine qu'on prétend avoir présidé à leur composition et à leur conservation sans souci des formes humaines de la sécurité. Y trouvons-nous des marques évidentes de cette prétendue collaboration de Dieu ? Toute la question est là.

Or non seulement Dieu n'y a pas mis comme manifestation de son inspiration la splendeur de la vérité, mais l'erreur s'y révèle sous toutes ses formes. Les notions scientifiques, théologiques et morales des écrivains sacrés témoignent éloquemment que Dieu ne guidait pas leur plume.

Commençons notre critique par les notions scientifiques. Il nous suffira pour être renseignés sur ce point de parcourir les premières pages du pentateuque.

Le premier chapitre de la Genèse nous décrit la création comme pouvait la concevoir l'imagination d'un oriental de cette époque, non inspiré de Dieu. La terre y est représentée comme la partie principale et le centre de l'univers. Les astres ne sont que des ornements fixés au firmament (1) pour régler le temps et réjouir les yeux des créatures terrestres.

Il ne saurait y avoir aucun doute sur la méprise de l'auteur sacré, puisque pendant tout le moyen âge l'Eglise, armée des textes qu'elle interpétait ainsi, a anathématisé les astronomes qui démentaient cette erreur.

D'après l'ordre bizarre indiqué par la Genèse, la naissance de la terre aurait précédé de trois jours la création du soleil dont elle n'est pourtant qu'un satellite, et la lumière aurait été séparée des ténèbres trois jours avant l'apparition des astres. Ce dernier enseignement n'était que le reflet d'une ancienne croyance qui faisait de la lumière et des ténèbres deux entités indépendantes. Saint Ambroise, dans son ouvrage sur la création, développe cette théorie et établit que la lumière du jour est autre chose que la lumière du soleil puisque le jour commence longtemps avant l'apparition de cet astre.

Le créateur, dans la Genèse, accomplit son travail par une série d'efforts successifs isolés et parfaitement distincts les uns des autres; l'aphorisme *natura non facit saltus* n'était pas encore en vigueur.

---

(1) Firmament vient de firmare, rendre fixe : l'astronomie théologique se basant sur ces textes supposait une cloison de cristal sur laquelle étaient fixées les étoiles.

Alors qu'il consacre trois jours à créer, orner et peupler notre petit globe, il expédie en une journée la création de tous les corps lumineux. Indiquer comme accessoires à notre petite planète les millions d'astres considérablement plus grands qu'elle, dont les espaces célestes sont peuplés, parce qu'à cette époque on n'en soupçonnait ni le nombre ni les dimensions, c'est excusable dans une œuvre humaine si ancienne, mais cela ne rend pas témoignage en faveur de l'inspiration divine.

Il y aurait bon nombre d'autres erreurs à relever dans le récit de la création en six jours ; mais elles nous entraîneraient à des développements trop longs. Nous passerons donc directement au déluge qui vaut que nous nous y arrêtions.

Noé reçut du Seigneur l'ordre de construire l'arche et d'y enfermer sept mâles et sept femelles de tous les animaux purs, et deux mâles et deux femelles de tous les animaux impurs, des oiseaux et de tout ce qui se meut sur la terre, ainsi que la quantité de nourriture nécessaire. Le séjour dans l'arche a duré d'après la Bible un an et dix jours. Il a donc fallu pendant ce temps pourvoir à l'alimentation de plus de cinquante mille êtres vivants, en omettant les minuscules, et les grands carnassiers ont dû causer à Noé beaucoup d'ennui. Notez qu'il n'y avait dans l'arche que huit personnes pour pourvoir au rationnement de tout ce monde.

Il est évident que le narrateur du déluge ne

soupçonnait pas la quantité d'espèces d'animaux qui peuplaient les parties de la terre étrangère à son pays. Nous connaissons aujourd'hui 1,600 espèces de mammifères, 12.500 espèces d'oiseaux, 600 de reptiles et un nombre invraisemblable d'insectes ou de créatures inférieures. Comment Noé a-t-il opéré ce rassemblement d'espèces dont quelques-unes vivaient sous des climats inaccessibles à cette époque, comme les ours blancs ? Comment a-t-il fait vivre ensemble des animaux réclamant des conditions de température tout à fait différentes ?

Mais le récit légendaire du déluge présente bien d'autres difficultés.

Il plut pendant quarante jours et les eaux couvrirent toute la terre, s'élevant de quinze coudées au-dessus des plus hautes montagnes. Pour accomplir ce prodige, il fallait que la pluie fournît plus de 200 mètres de hauteur d'eau par jour ; ce qui est vraiment trop ; et de quelle réserve pouvait bien sortir une pareille masse liquide ? Où est-elle retournée en quittant la terre ?

Toute chair qui se meut sur la terre fut détruite, et la Bible établit que ce cataclysme eut lieu 2,500 ans avant notre ère. Or il est absolument certain que rien de pareil ne s'est produit. La physique, la géologie, l'ethnographie, l'histoire se donnent la main pour détruire ce conte fantastique (1). Sans vouloir entreprendre à ce

_____

(1) Les cataclysmes de l'époque du diluvium expliquent les traditions universelles du déluge. La faute de

sujet une discussion trop développée pour notre cadre, nous trouverons les éléments d'une certitude suffisante dans les constatations suivantes :

1° Il est matériellement impossible que la terre ait été repeuplée de toutes les races d'animaux partant d'un seul centre où l'arche en aurait déposé le couple initial ; car la surface du globe est partagée en provinces zoologiques distinctes et n'ayant parfois aucune communication entre elles. Ainsi la faune australienne est tout à fait différente de celle des autres pays. Comment le kanguroo, par exemple, est-il venu du mont Arara dans l'Archipel australien en ne laissant sur le continent aucun spécimen de son espèce ?

Comment les bêtes féroces, tigres, lions, ours, panthères, loups, etc., ont-ils traversé les mers pour aller peupler les grands continents loin de l'Asie ? Saint Augustin que cette difficulté embarrasse, suppose tout simplement que « ce transfert a dû être effectué par des anges sur l'ordre de Dieu ».

2° Il est non moins impossible que toutes les variétés de races humaines déjà suffisamment connues et décrites au début de notre ère soient descendues de la seule souche de Noé et dans un si court espace de temps. Supposer que les nègres aux cheveux crépus, les Mongoliens à la

---

l'écrivain de la Genèse est d'en avoir assaisonné le récit de détails fabuleux et de lui avoir assigné une époque manifestement erronée, prouvant par là qu'il n'était nullement inspiré.

peau jaune, les Hottentots, les pygmées des forêts africaines, les Esquimaux, les Indiens et tant d'autres races différant entre elles par la couleur, la stature, le langage et pour ainsi dire par tous leurs traits physiques et moraux, sont issus de Noé et de sa famille et ont peuplé la terre dans un si court délai, est une pure absurdité.

3º Les monuments historiques de la Chaldée et de l'Egypte qui nous renseignent sur la vie ininterrompue de ces nations depuis une époque antérieure au déluge de dix à quinze siècles, établissent d'une manière palpable que ces peuples n'ont pas été supprimés par les eaux du déluge biblique.

Nous ne chercherions pas de pareilles querelles à l'auteur d'un poème ; mais nous avons le devoir d'être exigeants envers celui qui se donne pour l'interprète de la parole de Dieu et qui prétend à la soumission passive de notre raison.

L'idée de faire de l'arc-en-ciel un signe surnaturel créé par Dieu à ce moment pour marquer son alliance avec les hommes et tous les animaux terrestres (Genèse, chap. IX) est aussi très caractéristique du peu de souci que l'inspiré de Dieu avait de la vérité scientifique.

Il est donc inutile de pousser nos investigations plus loin et d'aller apprendre de Josué comment il a pu prolonger la durée du jour en arrêtant la marche du soleil.

Au surplus les erreurs des livres saints sont proclamées par ce fait que l'église romaine fait maintenant enseigner dans ses écoles les théories scientifiques et le système de Copernic qu'elle avait déclarés *contraires à la Bible* et qu'elle avait condamnés dans la personne de Giordano Bruno, brûlé par les soins du Saint-Office, de Gallilée persécuté dans sa vieillesse jusqu'à rétractation de la vérité, de Vanini, brûlé en 1619 après avoir eu la langue arrachée et avoir subi les plus atroces tortures, et de tant d'autres victimes de la théologie. Car ces notions fausses n'ont pas été inoffensives ; elles ont exercé pendant plus de quinze cents ans une influence néfaste et paralysé les efforts de la science à la recherche de la vérité.

Après avoir si longtemps imposé à la société la foi en l'autorité intégrale des livres saints et après avoir persécuté les observateurs sérieux dont les théories ne s'accordaient pas avec les énoncés bibliques, l'Eglise forcée de reconnaître que cette position n'est plus défendable, professe aujourd'hui une doctrine plus libérale. Elle fait la part de l'inspiration divine et la restreint à ce qui sert de fondement aux dogmes. Le bon sens peut-il accepter cette transaction tardive ? Dieu, pour nous manifester la vérité d'où dépend notre salut, ne pouvait-il mieux faire que de la laisser s'égarer dans la société des erreurs humaines ? Etait-il conforme à sa franchise et à sa bonté de mélanger la bonne semence avec la mauvaise si intimement que ses ministres eux-mêmes y ont été trompés et ont combattu la vérité au nom du dogme ? N'est-il pas très évident enfin que la splendeur du vrai devrait être le sceau de l'intervention divine, s'il s'était produit une révélation ?

V

Erreurs morales de la Bible.

Le caractère essentiel de la vérité c'est d'être immuable. Or, le désaccord entre la morale de l'Ancien Testament et celle que professe aujourd'hui l'Eglise est une preuve que le même Dieu n'est pas l'inspirateur de ces deux morales différentes.

La conception des devoirs de famille s'est singulièrement modifiée depuis les saints Patriarches. L'histoire de la vertueuse famille de Loth va nous montrer que les préjugés moraux de cette époque différaient singulièrement des nôtres.

Un jour Loth (1) ayant vu deux jeunes étrangers assis à la porte de la ville s'avança vers eux et les pressa avec une grande insistance d'accepter l'hospitalité chez lui. Il leur fit un festin et ils mangèrent. Mais les habitants de la ville s'étant assemblés devant sa porte avec des intentions impures, Loth ne savait comment s'en débarrasser. Comme la foule insistait avec menaces, Loth supplia ses indiscrets concitoyens de ne pas faire de mal à ses hôtes, et comprenant mieux les devoirs de l'hospitalité que ceux de la famille, il dit à ces importuns : « J'ai deux filles qui sont

_____

(1) Genèse, chap. XIX.

encore vierges. Je vous les amènerai. Usez-en comme il vous plaira pourvu que vous ne fassiez point de mal à ces hommes. »

Loth fut récompensé de ses bons sentiments. Les deux étrangers étaient des anges qui lui accordèrent de sortir sain et sauf, lui et sa famille, de la ville condamnée à périr par le feu.

Un peu plus tard, nous trouvons Loth veuf, réfugié dans une caverne, avec ses filles. « Alors « l'aînée dit à la cadette : Notre père est vieux et « il n'est resté aucun homme qui puisse venir « vers nous suivant la coutume de tous les pays. « Donnons donc du vin à notre père ; enivrons-« le et couchons avec lui, afin que nous conser-« vions la race de notre père.

« Elles donnèrent donc, cette nuit-là, du vin à « boire à leur père, et l'aînée alla coucher avec « lui. Il ne s'aperçut ni quand elle se coucha, ni « quand elle se leva. »

Le lendemain, la cadette eut son tour, et, neuf mois après, elles accouchèrent régulièrement toutes deux.

La polygamie était la base de constitution de la famille patriarchale, et elle se complétait du zèle que mettaient les épouses légitimes à envoyer leur servante à leur place quand elles étaient affligées de stérilité. Quand cette substitution portait son fruit, l'épouse entonnait un cantique d'action de grâces à Dieu qui avait béni ses efforts. (Voir à ce sujet la lutte entre Rachel et Lia. Genèse, chap. XXX.)

Le divorce existait et ces conditions étaient

réglées par la loi religieuse sous l'inspiration de Dieu et fort simplement du reste.

« Si un homme conçoit le dégoût de sa femme à cause de quelque défaut honteux, il fera un écrit de divorce et l'ayant mis entre les mains de cette femme, il la renverra hors de sa maison. (Deutéronome, XXIV.)

Quel rapport y a-t-il entre cette morale et celle que nous impose aujourd'hui l'Eglise qui nous montre Dieu se détournant avec horreur de l'homme polygame ou divorcé, ce même Dieu qui dictait autrefois à son serviteur Moïse les lois réglant la polygamie et le divorce et qui bénissait les rapports non sacramentels du maître avec les esclaves de ses femmes ? On comprend que l'homme fasse varier ses lois suivant les circonstances de temps et de lieu ; mais on ne conçoit pas Dieu maudissant aujourd'hui ce qu'il bénissait hier.

Le sacrifice d'Abraham nous apprend qu'on peut être agréable à Dieu en commettant le crime de tuer son enfant, et nous en avons la confirmation dans la mort de la fille de Jephté.

Jephté était un bon serviteur de Dieu et chef des Israélites. Ayant à combattre les Ammonites, il fut, dit la Bible, saisi de l'esprit du Seigneur. (Les Juges, chap. XI) et il fit ce vœu : « Seigneur, « si vous livrez entre nos mains les enfants d'Am- « mon, je vous offrirai en holocauste le premier « qui sortira de ma maison, et qui viendra

« au-devant de moi lorsque je retournerai victo-
« rieux. »

C'est-à-dire que l'esprit du Seigneur lui con-
seillait de s'engager à assassiner le premier innocent que le hasard lui livrerait. Brave capitaine !
Ce fut sa fille qui vint au-devant de lui et il la tua
religieusement selon son vœu.

Tout cela est fort différent de la morale religieuse moderne, mais bien conforme aux conceptions humaines qui, à l'origine de la plupart des
religions, ont placé les sacrifices sanglants qu'on
croyait propres à réjouir Dieu et à le rendre favorable.

Mais où les passions cruelles se montrent dans
toute leur laideur humaine sous le masque de la
divinité, c'est dans les manifestations belliqueu-
ses du Dieu des combats. Nul tyran, nul conqué-
rant sinistre, conduisant au pillage ses hordes
barbares, n'a jamais ordonné plus de massacres
de guerriers, de vieillards, de femmes et d'enfants que le Dieu d'Israël. Ses ordres, à son peuple élu sont invariablement de passer tout le
monde au fil de l'épée.

« Lorsque le Seigneur votre Dieu vous aura
« fait entrer dans cette terre que vous allez pos-
« séder et qu'il aura exterminé devant vous plu-
« sieurs nations, les Héthéens, les Gergésiens,
« les Gémorrhéens, les Chananéens, les Phéré-
« zéens, les Hévéens et les Gébuzéens...

« Lorsque le Seigneur votre Dieu vous les

3.

« aura livrés, vous les passerez tous au fil de
« l'épée... (Deutéronome, chap. VII.) »

Et dans le chap. XX du même livre les ordon-
nances pour les sièges des villes rappellent au
peuple qu'une fois les villes livrées par Dieu, il
doit en exterminer tous les habitants sans exception « comme le Seigneur votre Dieu vous l'a
« commandé ».

Le livre de Josué n'est qu'une orgie de sang.
On tue tout ce qui a vie, jusqu'aux bœufs,
aux brebis et aux ânes. Josué, le guerrier agréable à Dieu, se fait amener après la bataille les
prisonniers de haut rang et les massacre de sa
propre main. Et s'il arrive que, lasse d'exterminer des femmes et des enfants, l'armée d'Israël
fasse grâce de la vie à quelques-uns, Dieu lui
envoie un ange lui reprochant de n'avoir pas
exécuté ses ordres et il la châtie sévèrement.

Il est invraisemblable que des hommes intelligents et d'une bonne foi incontestable puissent
accepter comme expression de la morale divine
un pareil étalage des plus tristes passions humaines.

Nous allons pour conclure ce rapide examen
constater qu'à cette époque ce n'était pas l'intention qui constituait la responsabilité dans un acte;
il suffisait du fait inconscient. C'est ce que nous
considérerions aujourd'hui comme une négation
de la morale.

Abraham avait épousé Sara, sa sœur de père,
mariage permis par la morale de ce temps, crime

aux yeux de l'Église actuelle. Il jugea à propos de ne faire connaître que cette dernière parenté dans certaines occasions, particulièrement lorsqu'il alla en Égypte pressé par la famine.

Il dit alors à sa femme Sara (Genèse, chap. XII):

« Je sais que vous êtes belle, et que, quand les
« Égyptiens vous auront vu, ils diront c'est la
« femme de cet homme-là, et ils me tueront, et
« ils vous réserveront pour eux. Dites donc, je
« vous supplie, que vous êtes ma sœur, afin que
« ces gens-ci me traitent favorablement à cause de
« vous et qu'ils me conservent la vie en votre
« considération.

« Abraham étant ensuite entré en Égypte, les
« Égyptiens virent que cette femme était très
« belle. Et les premières personnes du pays en
« ayant donné avis à Pharaon, et l'ayant fort
« louée devant lui, elle fut enlevée et menée au
« palais du roi.

« Ils en usèrent bien à l'égard d'Abraham à
« cause d'elle ; et il reçut des brebis, des bœufs,
« des ânes, des serviteurs, des servantes, des
« ânesses et des chameaux.

« Mais le Seigneur frappa de très grandes
« plaies Pharaon et sa maison à cause de Sara,
« femme d'Abraham.

« Et Pharaon ayant fait venir Abraham lui
« dit : Pourquoi avez-vous agi avec moi de cette
« sorte ? Que ne m'avez-vous averti qu'elle était
« votre femme ? D'où vient que vous avez dit
« qu'elle était votre sœur pour me donner lieu

« de la prendre pour ma femme? Voilà donc
« votre femme que je vous rends présentement;
« prenez-la et vous en allez. »

La morale moderne jugerait sévèrement la conduite du saint patriarche spéculant sur la beauté
de sa femme; et elle ne trouve pas juste que Pharaon ait été frappé de plaies, lui et sa famille,
parce qu'Abraham ne lui avait pas fait connaître
la vérité.

Abraham n'ayant que les profits de l'affaire ne
manqua pas de la recommencer quelque temps
après au détriment d'Abimelech, roi de Gérare.
(Genèse, ch. XX.) Celui-ci trompé par la déclaration d'Abraham crut Sara libre et la trouvant à
son goût la fit enlever comme cela se pratiquait
dans ce temps. Aussitôt l'ange du Seigneur vient
avertir Abimeleck que lui et son peuple seront
« frappés de mort, à cause de la femme enlevée
« parce qu'elle a un mari ». Notez bien que ce
n'est pas à cause du procédé mais parce qu'elle
est mariée, quoiqu'il ne le sache pas.

Le malheureux Abimeleck qui n'avait nulle
envie de se mettre dans un si mauvais cas, se hâte
de renvoyer Sara; il argue de sa bonne foi et il
obtient enfin un adoucissement à son sort. Lui et
les siens (pourquoi les siens?) furent frappés de
stérilité jusqu'à ce que plus tard la prière
d'Abraham qui leur devait bien cela, fit lever
l'interdiction.

Il nous est difficile d'estimer juste qu'Abimeleck comme Pharaon ait encouru le moindre châtiment parce qu'Abraham ne lui avait pas avoué

la vérité. Il était puni par le seul fait que son ignorance pouvait être funeste à un serviteur de Dieu et sans considération de son innocence morale personnelle.

Il en est ainsi tout le long de cette lugubre histoire du peuple d'Israël. Les nations sont impitoyablement massacrées parce qu'il convient à Dieu de prendre leur pays pour son peuple.

L'arche d'alliance venant à passer dans le pays des Bethsamites, le Seigneur frappa de mort les habitants parce qu'ils l'avaient vue, et que personne ne devait la voir. (Les Rois, ch. VI.) « Il « fit mourir pour ce fait soixante-dix personnes « des principaux de la ville et *cinquante mille* « hommes du peuple. Et ils pleurèrent tous de ce « que le Seigneur avait frappé le peuple d'une si « grande plaie.

« Alors les Bethsamites dirent : Qui pourra « subsister en la présence de ce Seigneur et de ce « Dieu si saint ? »

Évidemment, ces gens comprenaient surtout le respect de la force et on les soumettait en frappant leur imagination de terreur ; mais la justice et la morale n'y trouvent guère leur compte.

Voyez la conduite du saint patriarche Jacob dans sa jeunesse rusant pour voler à son frère la bénédiction paternelle et le droit d'aînesse en profitant de l'infirmité de son père. Jehovah n'en est point offusqué, cela servait bien ses desseins. Il bénit Jacob et sa descendance.

Voyez enfin la conduite de Dieu même, endurcissant le cœur des gens qu'il veut perdre et les frappant ensuite pour leur endurcissement; ou recommandant aux Israélites d'emporter les vases d'or de leurs amis en quittant l'Égypte, (Exode, ch. XI), etc., etc.

Quel singulier code de morale, on pourrait extraire de l'Ancien Testament! Quels beaux exemples ne tirerait-on pas de la vie du monstrueux criminel qu'on nous apprend à vénérer sous le nom du Saint roi David!

Il n'entre pas dans le cadre étroit de ce travail de pousser plus loin l'exposé de ces contradictions entre les conceptions de l'ancienne et de la nouvelle morale. Le grand nombre d'exemples que nous aurions à citer n'a qu'une importance secondaire. Dieu ne doit pas se contredire une seule fois.

VI

Erreurs théologiques de la Bible.

La Bible nous offre deux conceptions de Dieu entièrement différentes, celle de l'Ancien et celle du Nouveau Testament.

Celle de l'Ancien Testament est manifestement telle que devaient la former des hommes de cette époque. Dieu s'y révèle tyran cruel et injuste et elle est en opposition avec les définitions du catéchisme.

Le Dieu du catéchisme enseigné par l'Église est un esprit éternel, infini, tout puissant, qui voit tout, qui sait tout. La plénitude de ses perfections sans limite ne permet de l'assimiler en rien aux émotions de l'homme, à ses incertitudes, à ses surprises, à ses désirs inassouvis, à ses joies inattendues, enfin à la succession de phénomènes et de résolutions qui marquent le cours de l'existence humaine.

Voyez au contraire ce qu'est le Dieu de l'Ancien Testament, toujours surpris, trompé dans son attente, déçu dans ses espoirs ; il ne décolère presque jamais ; il est incertain, subordonne ses résolutions aux événements, envoie des anges s'informer de ce qui se passe sur la terre et agit d'après ce qu'il apprend par leur rapport. C'est d'une puérilité excessive. Jehovah est, si l'on veut, une sorte de géant, mais ce n'est qu'un homme vindicatif, cruel et sujet à l'erreur, et les gens religieux le jugeraient sévèrement si c'était un Dieu des païens.

Il aime l'odeur des holocaustes et le sang des victimes innocentes. Il frappe de plaies douloureuses ou massacre impitoyablement des peuples entiers qui, sans le connaître, contrarient ses desseins.

La série de ses insuccès est navrante. Il s'en étonne et s'en irrite.

Éprouvant le besoin d'être aimé et admiré par une créature, il crée les anges, et le prince des anges se révolte contre lui.

Pour réparer cet échec, il crée l'homme et l'homme lui désobéit.

Chassée du paradis, la race humaine se déprave au point qu'il doit encore intervenir. « Et Dieu *se repentit* d'avoir fait l'homme sur la terre », dit la Genèse, chap. VI; « *et étant touché de* « *douleur jusqu'au fond du cœur*, il dit : J'exter « minerai de dessus la terre l'homme que j'ai « créé...

« J'exterminerai tout, depuis l'homme jus qu'aux animaux...

« *Car je me repens* de les avoir faits... »

Vraiment l'existence de ce Dieu n'est pas à envier, il n'est pas au bout de ses déceptions.

« Le cri de Sodome et de Gomorrhe s'aug « mente de plus en plus et leur péché est monté « jusqu'à son comble. *Je descendrai et je verrai*

« *si leurs œuvres répondent à ce cri* qui est venu
« jusqu'à moi, *pour savoir si cela est ainsi ou*
« *si cela n'est pas.* » (Genèse, ch. XVIII, XX et
XXI).

Le Dieu qui voit aujourd'hui jusqu'à nos plus
secrètes pensées, n'avait donc pas atteint, alors,
tout son développement.

Toute réflexion faite, il n'y va pas lui-même,
mais il y envoie deux anges pour faire une
enquête. C'est un vrai conte pour les petits
enfants. Dieu s'y meut exactement comme un
simple mortel. Quand la Bible nous le montre
faisant sa promenade habituelle dans le paradis,
après midi, « lorsque se lève un vent doux »
(Genèse, ch. III, v. 8), notre imagination peut
seule prendre plaisir à ce gracieux tableau, mais
non notre raison.

Poursuivons. — Dieu se choisit un peuple à
qui il se manifeste, qu'il protège, qu'il encourage
de ses conseils, pour qui il massacre sans compter les peuples qui ne veulent pas se laisser
dépouiller de leur territoire ; et ce peuple ne lui
est ni soumis, ni reconnaissant. Ils vivent en
querelles et en raccommodements sans répit. Et
enfin, c'est ce peuple si choyé, préféré à tous les
autres qui le fera mourir en la personne de son
fils, à qui il préférera Barabas.

Et alors, mystère insondable, la faute d'Ève,
mangeant du fruit défendu, est rachetée parce
que les Juifs ont torturé et crucifié leur Dieu ! Il
fallait le crime le plus monstreux, le plus invraisemblable qui se puisse imaginer pour effacer le

moment d'égarement de nos premiers parents trompés par le mensonge du serpent !

Ce que nous avons vu dans le chapitre précédent à propos de la morale biblique nous dispense de compléter par de nouvelles citations la physionomie de ce Dieu, de conception primitive, et de l'opposer au Dieu du catéchisme moderne. L'un exclut nécessairement l'autre et il y a erreur manifeste au commencement ou à la fin.

En résumé notre investigation très sommaire dans les textes sacrés suffit amplement à établir avec évidence que la prétendue inspiration divine ne s'y manifeste que par des erreurs en toutes les matières dont le contrôle nous est possible.

VII

Le signe de l'intervention divine dans la religion catholique n'existe nulle part, tandis que le rôle de l'homme s'y révèle par ses erreurs et ses faiblesses habituelles.

Où trouverions-nous donc ce signe divin qui doit courber notre raison et la faire abdiquer en faveur de la foi, puisque la source de tous les enseignements de la religion en est totalement dépourvue ?

Quand on le demande à l'Eglise, elle montre la venue du Rédempteur préparée par Dieu et annoncée par les prophètes ; Jésus-Christ réalisant les prophéties et affirmant sa divinité par ses miracles ; la pureté et la nouveauté de son enseignement ; le succès prodigieux, inexplicable par les forces humaines, d'une doctrine de renoncement prêchée par des illettrés à une société raffinée et voluptueuse ; la protection évidente de Dieu soutenant son Eglise, assurant son triomphe sur les schismes et les hérésies, la faisant éclore enfin dans son unité, son universalité, son infaillibilité admirables.

Voilà tout l'arsenal des preuves qu'on nous offre. Est-il besoin de faire observer qu'elles sont sans valeur tant que l'autorité absolue, intégrale des livres saints n'a pas été établie ? Nous n'avons pas à tenir plus de compte des faits miraculeux dont ils nous font le récit que de ceux consignés dans les livres sacrés des autres religions.

Peut-on admettre que Dieu s'amuse à proposer à sa créature des énigmes à deviner comme sont les prophéties qu'on a déclaré plus tard se rapporter à la vie de Jésus-Christ ? Cette manière imprécise d'annoncer les faits dans un style à double entente susceptible d'adaptations tardives peut être adroite et profitable aux charlatans; c'était celle des prophètes, augures, devins, sibylles de tous les pays quand les chefs des peuples les consultaient avant leurs entreprises. On y avait confiance; la crédulité publique faisait leur autorité et s'alimentait de quelques réussites chanceuses dont on menait grand bruit; mais Dieu ne parle pas ainsi. Si les prophéties avaient été écrites en style intelligible, avec l'intention honnête de faire comprendre ce qu'elles devaient dire, le corps des prêtres juifs versés dans l'étude et l'interprétation des écritures aurait reconnu le Messie; mais il apparaissait assez évidemment que Jésus-Christ n'était pas le roi couvert de gloire, le triomphateur rendant la puissance à Jérusalem qu'annonçaient les écritures. Il se disait le fils de Dieu, et c'est ce qu'aucun prophète n'avait prévu. Car c'est là une singulière lacune des annonces divines de la venue du Rédempteur; aucun de ces révélateurs inspirés de Dieu n'a soupçonné l'importance capitale de l'événement; aucun n'a prévu que la victime du sacrifice serait Dieu lui-même. Ce fait colossal, la grande folie de l'amour divin, comme l'appellent les chrétiens, paraît avoir été absolument ignoré des prophètes.

A côté de cette omission inadmissible, que vaut l'adaptation d'une quantité de détails évidemment facilitée par le zèle des prosélytes? Cette intervention pieuse est rendue manifeste par son exagération. Ainsi peut-on admettre que les princes des prêtres, s'ils avaient eu sous les yeux la prophétie annonçant que les trente pièces d'argent de la trahison serviraient à acheter le champ d'un potier, auraient procédé à cette acquisition afin d'accomplir les écritures à la lettre et de se condamner eux-mêmes? On n'est pas bête à ce point.

En face de telles invraisemblances il faut bien admettre les assertions de certains hébraïsants qui dénoncent beaucoup de textes comme apocryphes, particulièrement dans la prophétie de Daniel, la plus abondante en détails de la vie du Messie. Quoi qu'il en soit, cette discussion n'est pas à la portée de dix personnes sur dix mille; et quelle qu'en puisse être l'issue, ce n'est pas là qu'on peut trouver le signe sensible d'une vérité divine intéressant le salut de l'humanité.

Quant aux miracles de la vie de Jésus-Christ, nous nous arrêterons peu à cette épreuve dépourvue de toute valeur dès qu'un contrôle rigoureux de l'authenticité du récit fait complètement défaut. Tout miracle raconté par un témoin naïf qui a la foi, est fort sujet à caution et à plus forte raison quand on peut douter que le narrateur en ait été témoin. L'émotion de ces enthousiastes ne

les laisse pas libres de bien vérifier les circonstances et les entraîne à amplifier considérablement certains détails pour donner du relief au
merveilleux. Ensuite il n'est pas possible de fixer
la limite où commence le surnaturel, attendu que
la science la recule continuellement.

Le concours d'une foule nombreuse attirée par
la réputation des miracles ne prouve rien. Il y a
quelque 35 ans, le zouave Jacob, un ex-trom-
bone devenu guérisseur attirait à Paris autant de
monde que N.-D. de Lourdes aujourd'hui dans
les Pyrénées; les équipages de la haute société
encombraient les abords de son domicile. Il disait aux infirmes et aux paralytiques : « Mar-
chez », et il arrivait assez souvent que ceux-ci se
levaient de leur couche ou jetaient leurs béquilles.
Son succès a été phénoménal; mais il a cessé de
plaire à la foule comme N.-D. de la Salette. Tous
deux ont connu les inconstances de la faveur publique.

Si nous ne le savions d'ailleurs, les stèles et
ex-voto retrouvés dans les ruines des anciens
temples nous démontreraient que la foi aux Dieux
et aux Déesses du paganisme pour leur intervention dans la vie de leurs adorateurs n'était pas
moins vive que celle des chrétiens aux diverses
statues de leur Vierge.

Les prétendus miracles sont nombreux dans
l'histoire de toutes les époques troublées par la
passion religieuse. Ceux du diacre Paris n'ont-ils
pas ému toute la France au XVIIe siècle ? L'étude
de l'hystérie et de l'hypnotisme a fourni depuis

lors l'explication des faits extraordinaires que les croyants regardaient comme miracles avérés.

Et ceux qui tiennent à admettre l'intervention du surnaturel ne savent jamais si c'est à Dieu ou au diable qu'il convient de l'attribuer, puisque le Dieu des chrétiens ne s'en est pas réservé le monopole. Nous voyons dans les écritures que Dosithée, Simon le Magicien, Appolonus de Thyanes faisaient des miracles pour induire en erreur les enfants de Dieu.

Toutes les religions sont fondées sur de prétendus miracles auxquels croient fermement leurs adhérents. Ceux des saints Bouddhistes sont des plus surprenants et sont crus dévotement par les fidèles de ce culte. Où est la raison d'admettre les nôtres et de rejeter les leurs?

Mais la vérité évidente est qu'il n'y a pas, qu'il n'y a jamais eu de miracles. Il reste même chez les plus croyants une grande timidité dans leur foi qui n'est pas de bon augure. Aucun d'eux ne s'avise après l'arrachement accidentel ou l'amputation d'un membre d'aller demander à l'eau de Lourdes de le faire repousser. Le bon sens conserve, malgré la foi, quelques-uns de ses droits. On sent que cela ne se fera pas. Pourquoi? Les miracles exigent-ils donc du mystère et certaines conditions de facilité comme les tours de prestidigitateurs? Il faut donc qu'ils se cachent sous quelque apparence de n'être pas trop en opposition avec les lois naturelles?

L'explication des guérisons en apparence surnaturelles est suffisamment connue et restreint singulièrement le champ des miracles. Ce sont des faits éminemment subjectifs qui procèdent de la réaction de l'organisme du malade sous l'influence d'une surexcitation de son imagination. Il y faut un milieu spécial, la mise en scène du culte, l'entraînement d'une foule animée des mêmes sentiments, la contagion et l'enthousiasme religieux, et par dessus tout la violence du désir et la confiance du succès.

Une remarque suffit à assigner aux miracles de Jésus-Christ la valeur qu'ils peuvent avoir comme démonstration de la divinité de son enseignement. C'est qu'ils n'ont pas convaincu le peuple au milieu duquel on prétend qu'ils s'accomplissaient. Peut-on en attendre qu'ils subjuguent notre raison alors que nous n'en avons connaissance que par des récits dépourvus d'autorité certaine, et dûs en tout cas à la plume de narrateurs, dont les convictions encourageaient la partialité.

Nous ne serons pas plus exigeants que nous n'avons le droit et même le devoir de l'être ; mais nous ne pouvons nous contenter de cent allégations de preuves dont aucune ne résiste sérieusement à l'examen. Il nous en faut une seule, mais une bonne, solidement fondée sur une autorité évidente.

Or cette preuve ne nous sera pas encore fournie par l'histoire de l'Église, malgré ses affirmations audacieuses.

Hésitations sur la doctrine, dès le début ; contestations, contradictions sans fin à travers les siècles, luttes entre les papes et les conciles s'anathématisant réciproquement, schismes, hérésies, tel est le tissu dont s'est formée la foi catholique.

Les dogmes et les sacrements naissent du hasard de ces querelles; on entasse définition sur définition, Dieu étant toujours censé approuver, mais n'en donnant aucune preuve. Le culte de la Vierge, la confession auriculaire, les dogmes de la transsubstantiation, de l'immaculée conception, de l'infaillibilité papale, inconnus des premiers chrétiens, ne prennent que très tard leur caractère d'obligation absolue. Tous nos dogmes actuels ont été niés dans les premiers temps du christianisme par quelque saint, quelque pape, quelque père de l'Église, ou quelque assemblée d'évêques; tout au moins leur négation quand elle ne se manifeste pas en termes précis, est implicitement et manifestement contenue dans les doctrines que professaient ces autorités. Il n'est pas jusqu'à la divinité de Jésus-Christ qui n'ait donné lieu à des controverses interminables, non pas entre les chrétiens et les païens, mais entre les prélats de l'Église, entre ceux que leurs vertus ou leurs lumières avaient désignés pour y occuper les plus hautes fonctions et qui étaient régulièrement chargés d'enseigner la vérité au peuple.

Au IVe siècle, plus de 20 assemblées d'évêques ou conciles ont disputé sur ce sujet et se sont excommuniés à tour de rôle. Et dans les conciles qui ont clos la discussion par la définition du dogme, il figurait une minorité imposante pro-

fessant l'opinion contraire. Au concile œcuméni-
que de Chalcédoine, qui condamna Eutichès au
Ve siècle, sur 636 évêques assemblés, 356 seulement adhérèrent, dans leur vote, à la confession
de foi. Que faisait donc le St-Esprit chez les 280
évêques soutenant l'hérésie jusqu'au dernier moment?

Supposons que cet interminable débat eût
abouti au triomphe des idées ariennes au lieu de
leur condamnation. L'Eglise ne s'en targuerait
pas moins aujourd'hui de son infaillibilité, de
son admirable unité, et de la protection divine
assurant sa victoire sur l'hérésie. C'est ce qui
permet de mesurer la valeur de son argumentation quand elle invoque de pareilles considéra-
tions.

Si nous portons nos regards vers Rome, dans
l'espoir de trouver sur le siège de St-Pierre la
manifestation de Dieu dans la succession de di-
gnes représentants de sa sainteté, une déception
plus grande nous attend. L'inceste, l'adultère, le
meurtre, la cruauté, la simonie ont trouvé place
dans cette chaîne apostolique. Il est impossible
de le nier. Des criminels monstrueux comme
Sergius III, Jean XII, Benoît IX, Alexandre VI
et bien d'autres y figurent devant l'humanité
comme représentants autorisés et infaillibles de
la majesté et de la bonté divines.

Qu'on ne nous reproche pas de passer sous
silence les grands et nobles papes dont le rôle
dans la civilisation européenne est un titre de
gloire pour l'Eglise. Nous ne faisons pas l'his-

toire de la papauté. Nous cherchons la manifestation de Dieu et nous ne la trouvons pas dans ce mélange d'or pur et d'immondices.

De plus, à diverses époques de l'histoire, la chaîne des vicaires de Jésus-Christ est singulièrement embrouillée, deux papes coexistent. Une fois même, trois portent la tiare en même temps.

Passons rapidement. — Que nous offre encore l'histoire de l'Eglise pour nous édifier? — Les mœurs scandaleuses de ses couvents et de son clergé au moyen-âge ; les persécutions aveugles qu'elle a exercées contre la vérité scientifique, parce que cette vérité était contraire à l'erreur biblique ; l'inquisition, la torture, les auto-da-fé, les massacres de populations encouragés et bénis par elle comme moyens de propagande agréables à Dieu (1); enfin cette doctrine pour le succès de

---

(1) Le 28 mars 1569, Pie V écrivait :

« A sa très chère fille en Jésus-Christ, Catherine, reine très Chrétienne des Français,

Si votre majesté continue, comme elle a toujours fait, à combattre de front les ennemis de la religion *jusqu'à ce qu'ils soient tous exterminés*, qu'elle en soit assurée ; le secours divin ne lui fera jamais défaut et Dieu lui préparera, ainsi qu'au roi son fils, de plus grandes victoires. Ce n'est que par l'entière extermination des hérétiques que le roi pourra rendre à ce noble royaume l'ancien culte de la religion catholique, pour la gloire du nom royal et pour notre gloire éternelle. C'est la grâce que nous demandons tous les jours à Dieu dans nos prières. »

Grégoire XIII, successeur de Pie V, en apprenant les massacres de la Saint-Barthélemy, fit tirer le canon du château Saint-Ange et alla processionnellement à

laquelle on nous montre Dieu endurant les plus grandes souffrances humaines, et dont il protège de sa toute-puissante intervention les progrès dans le monde, restant après 18 siècles étrangère à plus des deux tiers de l'humanité et niée dans son autorité par les deux tiers de ceux qui sont réputés lui appartenir.

Car le christianisme compte dans le monde un peu moins de 400 millions de sujets dont 185 millions sont schismatiques, tandis que le brahmanisme et sa réforme, le bouddhisme, peuvent mettre en face de ces chiffres 600 millions d'adhérents. Les autres religions se partagent le reste de la population du globe, soit environ 500 millions d'âmes.

Ainsi le catholicisme proclamé par Rome la seule vraie religion hors de laquelle on ne peut être sauvé, comprend à peine la septième partie de la population du globe et reste complètement ignorée d'un nombre considérable d'êtres humains. Et si nous retranchons de cette faible proportion les catholiques de nom qui ne le sont pas de fait, que reste-t-il après dix-neuf siècles du grand effort de Dieu pour arracher le monde

l'église Saint-Louis rendre grâces à Dieu d'un tel succès.

Au XIIᵉ siècle, l'horrible croisade contre les Albigeois fut ordonnée par Innocent III et conduite par l'Abbé de Cîteaux. Le nombre des vieillards, femmes et enfants, sans compter les hommes, torturés et massacrés pour assurer l'admirable unité de l'Eglise fut invraisemblable.

à Satan ? Comment concilier enfin avec nos notions de justice ce fait que Dieu, la toute-puis-
sance même qui n'a qu'à vouloir, laisse le plus
grand nombre de ses créatures privées du baptême qui seul peut leur ouvrir l'entrée des félici-
tés éternelles ? Cette objection est admise comme
irréfutable par les apologistes de la religion qui
ont alors recours aux derniers arguments : la
sagesse insondable des décrets de Dieu et la nécessité de mériter la foi par l'humilité de la raison.

Voit-on dans tous ces faits la preuve cherchée ?
N'est-on pas plutôt porté à se demander ce que
Dieu aurait pu faire de plus s'il avait voulu indiquer nettement à l'homme qu'il n'est pour rien
dans cette histoire et que la vérité n'est pas là (1) ?

---

(1) C'est en vain qu'on objecterait que de grandes
intelligences se sont contentées des preuves de la religion. En pareille matière chacun juge pour son compte
et non avec le tempérament d'autrui Les hommes de
génie ne sont pas toujours des hommes de bon sens et
beaucoup méritent l'appellation d'idiots partiels que
leur ont décerné les physiologistes. Certains se laissent
séduire par le côté sentimental de la religion et par les
avantages d'une morale qui, sous cette forme, pénètre
l'individu en parlant au cœur et à l'imagination. Beaucoup ont reçu de leur éducation le joug de la foi avant
l'âge de discernement et ont continué à l'accepter doci-
lement comme faisant partie des institutions que les
honnêtes gens respectent. Ils sont restés soumis à l'ordre de l'Eglise de fuir toutes les occasions du doute et
ils ignorent par conséquent les données de la discussion
libre. Enfin, chacun peut être conseillé par des motifs

4.

CONCLUSION

Nous n'avons trouvé nulle part dans la religion catholique le signe manifeste de l'intervention divine sans lequel il ne nous est pas permis d'imposer silence aux protestations de notre raison contre des dogmes qui ne sont plus en accord avec le développement intellectuel de l'humanité civilisée.

---

extrinsèques étrangers à une argumentation logique. Toutes les religions ont eu leurs grands penseurs et les défenseurs intelligents n'ont pas manqué même aux Dieux du paganisme.

VIII

Quelques citations confirmant le chapitre précédent.

Malgré notre désir de conserver à notre exposé sommaire une forme succincte, il est indispensable que nous confirmions la vérité de nos assertions par quelques citations dont les catholiques ne puissent pas nier l'autorité. Car il se rencontre parmi les apologistes de la religion des naïfs téméraires qui n'hésitent pas à innocenter leur Eglise de toutes les accusations de faits et à justifier comme pape même un Alexandre VI. Pour ces âmes convaincues, c'est Galilée qui a persécuté l'Eglise et celle-ci ne s'est point mêlée des affaires de l'inquisition.

Nous accordons volontiers à l'Eglise romaine qu'elle n'a pas eu dans le monde le monopole des cruautés commises contre la liberté de conscience; elle en a souffert elle-même comme elle en a fait souffrir. Les hommes sont les mêmes partout; quand ils sont animés d'une forte conviction, ils pensent de suite à supprimer la contradiction par la violence. Mais c'était justement en agissant autrement que ne font toujours les hommes, que le christianisme aurait pu se placer à un rang supérieur et il ne l'a pas fait.

Nous bornerons nos citations à mettre en relief

deux vérités qui intéressent plus particulièrement notre recherche des preuves de l'intervention divine dans l'histoire de la religion chrétienne. La première, concernant les mœurs du
clergé et des couvents, établit l'impuissance de
cette intervention et de la grâce des sacrements
à moraliser ceux qui devraient donner à la
société l'exemple de la vertu. La seconde montre
à quel point Dieu s'est désintéressé de justifier
le respect des fidèles pour ses représentants sur
la terre.

Personne n'ignore que pendant les siècles de
grande foi les couvents étaient souvent des lieux
de débauche et que les mœurs du haut clergé
étaient scandaleuses ; mais il est bon d'avoir sur
ce point le témoignage d'autorités indiscutables.

Au XIIᵉ siècle, saint Bernard (1) s'adressant aux
religieux des couvents leur disait :

« N'est-il pas merveilleux que vous qui rencon-
« trez parmi vous plus de gens qu'il n'en faut
« pour leur confier les âmes, vous ne puissiez
« trouver personne à qui vous oseriez confier
« votre bourse ? »

Il écrivait ailleurs : « Sans compter les forni-
« cations, les adultères, les incestes, quelques
« prêtres se souillent encore de passions ignomi-
« nieuses et d'actes abominables. Cependant on
« vit jadis Sodome et Gomorrhe, où régnaient

____

(1) Saint Bernard. — De consideratione, lib. IV,
cap. VI.

« ces monstruosités, être sur l'ordre de Dieu con-
« sumées par le feu du Ciel. Aujourd'hui, cou-
« verts de cette abomination, les prêtres péné-
« trent dans le sanctuaire du Dieu vivant et pol-
« luent le saint des saints du Seigneur ! » (1)

Grégoire X écrivait à Henri de Gueldre, évêque de Liège : « Nous avons appris que, adonné
« à la simonie et à l'incontinence, vous avez eu
« plusieurs enfants avant et après votre promo-
« tion. D'une abbesse de l'ordre de Saint-Benoît,
« vous avez fait votre concubine, et devant de
« nombreux témoins vous vous êtes vanté en un
« festin d'avoir eu de plusieurs autres quatorze
« enfants en vingt-deux mois. Parmi ces enfants,
« les uns ont reçu de vous des bénéfices à charge
« d'âmes bien qu'ils ne fussent point en état de
« les posséder; d'autres ont eu en mariage des
« biens de votre évêché. Dans l'une de vos habi-
« tations qu'on nomme le Parc, vous logez depuis
« longtemps une religieuse en compagnie d'au-
« tres femmes... etc. »

« Hélas ! Hélas ! s'écrie au xive siècle Alvarez
« Pélage(2), ancien pénitencier du pape Jean XXII,
« combien de religieux des deux sexes ont établi
« dans leurs couvents, comme les laïcs dans les
« villes, des lieux de prostitution, où, comme
« dans des gymnases d'obscénité, les jeunes gens
« les plus distingués (!) s'exercent à la plus
« infâme débauche... C'est cependant par hor-

---

(1) De conversione ad clericos, cap. XX.
(2) De planctu Ecclesiæ, lib. II, cap. II et cap. XXVII.

« reur pour ce vice innommé dont la race hu-
« maine était coupable, etc... »

Au xve siècle, c'est Jean Gerson (1) surnommé
le docteur très chrétien, auteur présumé de l'imitation de Jésus-Christ, qui apprécie ainsi les
mœurs de l'Eglise : « Les cloîtres habités par des
« chanoines réguliers sont comme les places
« publiques et les marchés ; les couvents de reli-
« gieuses sont des lieux de prostitution ; les cathé-
« drales, des repaires de voleurs et de brigands.
« Sous le nom de servantes et de femmes de
« charge, les prêtres n'entretiennent que des con-
« cubines et des courtisanes. On a tellement
« répandu les images que les peuples se livrent à
« l'idolâtrie... etc. »

Au xvie siècle toujours mêmes mœurs.

« Indignes prélats et pasteurs », s'écrie le frère
Thomas, cordelier, dans ce langage approprié
aux prédications populaires de son ordre, « ce
« vous est assez de remplir votre ventre, d'em-
« piler de l'argent dans vos coffres, d'avoir la
« p... dans votre lit, la grosse mule à l'étable, et
« le tout aux dépens du Crucifié... Il ne vous
« chaut si vos pauvres brebis seront sauvées ou
« damnées... »

En plein Concile de Latran (1512) Gilles de
Viterbe, général des Augustins, déplore l'état des
mœurs du clergé : « Peut-on, sans verser des lar-
« mes de sang, voir les désordres et la corrup-

---

(1) Declarat. defunctorum vivorum ecclesiasticorum,
nn. LXV-LXVIII et LXXI.

« tion du clergé, le monstrueux dérèglement des
« mœurs, l'ignorance, l'ambition, l'impudicité, le
« libertinage et l'impiété triompher dans le Saint
« Lieu ?... »

Dans le même concile, s'adressant à Léon X,
Jean-François, fils de Pic de La-Mirandole, fait
une peinture encore plus indignée de ces désordres et en donne de tels détails que je renonce à
les transcrire ici. Au reste, c'en est amplement
assez pour nous montrer que la vertu des sacrements qu'ils fréquentaient, ne se manifestait pas
activement parmi les membres de l'Eglise et que
la religion n'est pas si efficace qu'on le prétend à
assurer la pureté des mœurs.

Passons à l'histoire des papes et voyons comment Dieu choisissait ses fondés de pouvoirs et
comment ceux-ci justifiaient sa confiance.

Nous ne nous arrêterons pas à la mascarade
macabre dont s'est rendu coupable le pape
Etienne VI (897) exhumant le cadavre de son pré-
décesseur Formose, enseveli depuis six ans, et le
faisant juger par un concile qui le dégradait, le
dépouillait de ses habits sacerdotaux, lui faisait
couper trois doigts de la main droite et trancher
la tête.

Plus tard un autre pape Jean IX réhabilita
la mémoire de Formose anathématisée par
Etienne VI; ce qui n'est qu'une des nombreuses
occasions où l'infaillibilité papale n'apparaît pas
nettement.

Arrivons d'emblée au x⁰ siècle.

« Avant d'en franchir le seuil, s'écrie le cardi-
« nal Baronius (1), que le lecteur veuille bien me
« permettre de le prémunir contre les scandales
« dont il va être témoin quand il verra l'abomi-
« nation de la désolation dans le temple du Sei-
« gneur.

« Combien elle était laide et difforme cette
« église romaine, lorsqu'il n'y avait pour la gou-
« verner que d'infâmes prostituées, faisant les
« papes et les défaisant à leur gré, conférant les
« évêchés et, chose plus effroyable, faisant asseoir
« sur la chaire de Saint-Pierre leurs fils et leurs
« amants ! »

Le pape Sergius III avait été élu en 898 en con-
currence avec Jean IX. Ayant eu le dessous dans
les luttes populaires, il s'enfuit en Toscane où il
passa sept ans auprès de sa maîtresse Marozie,
dame romaine qui joua un rôle important dans
l'histoire de la papauté et fournit par elle-même
ou par sa famille plusieurs anneaux à la chaîne
qui relie à St-Pierre les représentants de Dieu
sur la terre.

En 904, la faction politique favorable à Sergius III, ayant pris le dessus, ramena cet amou-
reux en triomphe et le réintégra chef infaillible
de l'Eglise.

---

(1) Successeur en 1593 de Philippe de Néri comme supérieur de la congrégation des prêtres de l'Oratoire, confesseur de Clément VIII, bibliothécaire du Vatican, his-
torien religieux faisant autorité.

En 914, Théodora, mère de Marozie, fait nommer son propre amant pape sous le nom de Jean X. Cela ne plaît pas à sa fille qui, étant parvenue à s'emparer du pape, le fait étouffer sous des coussins et met à sa place, sous le nom de Jean XI, le fils qu'elle avait eu de ses relations avec Sergius III.

En 955, un jeune homme de 16 ans devient, sous le nom de Jean XII le chef de la Chrétienté. Laissons à ce sujet la parole à l'abbé Duchesne (1) :

« A l'instabilité de la situation s'ajouta bientôt
« le danger qui résultait de l'extrême jeunesse
« du nouveau pape. Elle l'entraîna dans une
« expédition aventureuse contre les principautés
« lombardes de l'Italie du sud ; il fut repoussé et
« contraint à signer la paix.

« On sait de reste que sa jeunesse déborda
« d'une autre façon et que Rome fut bientôt le
« théâtre des plus graves scandales. Le jeune
« pape ne se plaisait guère aux choses de l'Eglise ;
« on ne le voyait jamais à matines ; ses nuits et
« ses jours se passaient en compagnie de femmes,
« de jeunes gens, au milieu des plaisirs de la
« chasse et de la table. Ses amours sacrilèges
« s'affichaient publiquement ; elles n'étaient
« arrêtées ni par la considération des personnes
« qu'il désirait, ni par les liens du sang. Le

---

(1) Voir *Les commencements de l'état pontifical*, par l'abbé Duchesne, membre de l'Institut, chargé de cours à la faculté catholique de Paris (1898).

« Latran était devenu un mauvais lieu ; une hon-
« nête femme n'était pas en sûreté à Rome. Ces
« débauches étaient payées avec le trésor de
« l'Eglise que la simonie alimentait et qu'on
« n'avait garde d'employer aux usages légitimes.
« On parle d'un évêque consacré à l'âge de dix ans,
« d'un diacre ordonné dans une écurie, de digni-
« taires aveuglés ou transformés en eunuques. La
« cruauté complétait l'orgie. Pour que rien ne
« manquât, on raconte que dans les festins du
« Latran, il arrivait au pape de boire à la santé
« du diable... »

En 1024, Jean XIX achète la papauté à prix
d'or.

En 1032, Benoît IX, ex-pape qui vivait de ses
rentes ayant vendu la tiare à Benoît X, fait em-
prisonner le pape Clément II, puis reparaît à
Rome et remonte sur le siège apostolique où il se
maintient près d'un an.

En 1058, encore deux papes : Benoît X et
Nicolas II. Lequel est le pape légitime ? se
demande l'abbé Duchesne qui est embarrassé
pour se prononcer. « Ils ont été admis tous deux,
« dit-il, dans les catalogues pontificaux. Sûre-
« ment Hildebrand, Nicolas II et ses successeurs
« considérèrent Benoît comme un *invasor*, un
« intrus. Mais pourquoi Nicolas II était-il légi-
« time ? »

« A cette question, continue l'abbé Duchesne,
« une seule réponse est juste. Nicolas II était
« légitime pour la même raison que l'avaient été
« beaucoup de ses prédécesseurs, parce que son

« élection avait été faite et ratifiée par la cour
« germanique... La signature du chancelier Gui-
« bert qui deviendra plus tard antipape, repré-
« sente ici l'estampille officielle. »

Voilà qui n'est guère flatteur pour Dieu. Son
représentant a besoin pour être valable de la
signature d'un antipape. Et comme toutes ces
obscurités nous indiquent bien à quel point Dieu
se désintéresse de ces questions et que pour lui
papes et antipapes s'équivalent.

Nous nous en tiendrons à cette courte énumération des mauvais chefs visibles de l'Eglise,
quoique la série soit loin d'être épuisée. Nous
aurions pu consacrer quelques lignes à Benoît IX,
élu pape à l'âge de douze ans et « qui fit refleurir
au Latran, dit l'abbé Duchesne, le régime de
Cocagne auquel son parent Jean XII avait présidé quatre-vingts ans auparavant ». Nous
devrions aussi plus qu'une simple mention à
Urbain VI, faisant périr sous ses yeux dans un
long supplice les cardinaux révoltés contre lui ;
à Jean XXIII, ancien corsaire, d'une immoralité
invraisemblable et qui trafiquait très malhon-
nêtement des bénéfices ecclésiastiques, les mettant aux enchères, vendant le même à plusieurs
acquéreurs ; à Alexandre VI (Borgia) dont l'histoire est trop connue pour qu'il soit utile d'y
insister.

Nous avons hâte de passer à la suite de notre
étude.

Il n'y a pas lieu de maintenir la religion contre le courant qui l'emporte.

J'ai souvent entendu émettre cette opinion que si nous ne pouvons pas croire nous-mêmes au dogme, nous devons néanmoins prêter notre concours au maintien de l'idée religieuse dont nous ne pouvons refuser de reconnaître les avantages pratiques et qui est nécessaire au peuple pour le consoler de son sort et le rendre vertueux. Je ne suis pas de cet avis. Je ne nie pas le noble et puissant concours que la religion a donné dans les siècles passés au développement de la morale et de la civilisation (1), ni l'influence heureuse qu'elle

---

(1) Il ne faut pourtant pas accepter sans réserve les assertions de certains apologistes chrétiens qui attribuent à l'enseignement du Christ l'apparition sur terre des préceptes de charité. Presque tous les enseignements du Christ avaient été professés déjà par des religions ou par des philosophes.

Pour n'en citer qu'un, Confucius qui vivait plus de 500 ans avant Jésus-Christ enseignait cette loi morale : « Ne fais pas aux autres ce que tu ne veux pas qu'ils te fassent. Tu n'as pas besoin d'une autre loi ; celle-ci est le fondement de tout, » et cette autre : « Reconnais les bienfaits reçus par d'autres bienfaits et ne venge jamais les injures. »

Le mérite de la religion chrétienne a été de propager ces maximes dans la pratique.

exerce encore sur les mœurs des croyants sin-
cères ; mais les avantages que je lui ai reconnus
sont malheureusement compensés par de graves
inconvénients.

En premier lieu, il ne me paraît pas admissible
de faire d'une erreur la condition de notre avan-
cement dans la voie du progrès. Si nous avions à
traverser une région inconnue et difficile, nous
ne prendrions pas pour guide un homme qui nous
aurait tenu des propos incohérents sur la configuration du pays.

Ensuite malgré que les circonstances éloignent
le danger de voir les hommes qui ont la foi,
réchauffer aux flammes des bûchers les convictions
des sceptiques, le dogme reste une cause de pro-
fonde division entre nous. La paix ne peut régner
dans la nation ni dans la famille tant qu'un dogme
intolérant, comme l'est nécessairement un enseignement attribué à Dieu même, séparera les hommes en amis et en ennemis de Dieu, en élus et en
réprouvés, en anges et en démons. La perversion
des mots et des idées va jusqu'à mettre sur ces
catégories hostiles les étiquettes d'honnêtes et de
malhonnêtes gens. Notre société, libérale comparativement au passé, ne fait pourtant pas encore
grâce aux libres-penseurs. Les vieilles préven-
tions subsistent même chez les incrédules qui,
par habitude, par timidité ou par intérêt, sont
toujours prêts à faire leur partie dans le chœur
des imprécations pieuses contre les caractères qui
ont le courage de se montrer indépendants.

Est-ce qu'un homme tenant un certain rang dans la société, convaincu que la religion est fausse et dangereuse, est parfaitement libre de ne pas faire baptiser ses enfants, de ne pas leur faire apprendre leur catéchisme, de ne pas leur faire faire leur première communion? Est-il libre de ne pas se marier à l'église, de se faire enterrer civilement, lui ou les siens? Sans doute il l'est théoriquement et légalement; mais dans la réalité la société ne lui pardonnera pas la sincérité de sa conduite, et il lui en coûtera cher à lui et à ses enfants. Les gens que nous persistons à appeler honnêtes ou bien-pensants ne perdront aucune occasion de lui témoigner leur mépris. Perte de considération et hostilité d'une très importante partie de la Société, telles sont les premières conséquences inévitables de la franchise d'un caractère droit.

Cela est grave; car s'il est vrai que le nombre des partisans convaincus de l'Eglise devient bien restreint, s'il n'est pas toujours de première qualité au point de vue de la puissance intellectuelle, il est vrai aussi qu'il se recrute principalement dans les familles où les bonnes manières de la société agréable et une éducation morale soignée sont de tradition et qui, par leur ancien prestige, leur grand nom ou leur fortune, tiennent une place considérable dans la nation. Ce parti forme un clan select et fermé, et il jouit encore d'une grande influence. Sa conviction contribue à sa force. Ce n'est pas par la persécution qu'on doit chercher à l'abattre; c'est en lui montrant la fausseté de l'idée, l'erreur du principe auquel il reste attaché. C'est l'erreur religieuse dont il faut détruire le prestige en l'attaquant ouvertement, loyalement, par les démonstrations du bon sens.

En attendant le triomphe de la raison, nous regrettons profondément de voir notre société divisée en deux camps qui resteront irréconciliables parce qu'il n'y a pas de conciliation possible entre une affirmation divinisée et sa négation humaine. Nous sommes particulièrement affligés de voir dans une foule de ménages un homme honnête et intelligent, une épouse bonne, dévouée, ornée de toutes les vertus d'une excellente mère de famille, séparés par une barrière infranchissable qui se prolonge jusque dans l'éternité. Quelle joie est permise à cette pauvre femme lorsqu'elle croit que celui qu'elle aime est un ennemi du vrai Dieu et qu'il se condamne à des tourments éternels ? N'est-il pas de son devoir strict de harceler son mari de ses instances pour qu'il aille à l'Eglise, qu'il se confesse, qu'il ait recours avec elle à la prière, à l'intercession puissante de la Sainte-Vierge et des saints, afin d'obtenir de croire ce que sa raison proclame être une erreur ?

Non, nous ne pouvons pas contribuer à maintenir ces malentendus et ces causes de désordre dans les ménages et dans le pays.

De plus l'erreur religieuse n'est pas moralement inoffensive en tous points. Elle nous enseigne trop le mépris de l'homme et la méfiance à son égard. Ses procédés pour nous prescrire

l'amour du prochain et la charité sont faux et
désagréables. Elle nous fait un portrait si déso-
bligeant de nous-même et de nos semblables cou-
verts de la lèpre du péché qu'il ne saurait être
question d'aimer pour eux-mêmes des êtres si
abjects ; nous devons les aimer en Jésus-Christ.

Ce n'est pas non plus une doctrine propre à
développer notre activité et à nous donner le
goût de la vie, celle qui brise chez l'enfant la confiance en soi-même, qui peuple son imagination
de faits miraculeux et de craintes superstitieuses
d'un monde invisible ; celle qui lui enseigne que
nos efforts sont vains sans les interventions surnaturelles dont il faut avant tout solliciter le concours par de petites dévotions ; celle qui recom-
mande le jeûne, la prière contemplative et les
extases hystériques, qui honore chez ses saints la
malpropreté corporelle, qui nous leurre en affirmant qu'il ne faut pas nous mettre en peine du
lendemain, ni de la nourriture ni du vêtement,
que la vie terrestre n'est rien et que notre seule
préoccupation doit être une autre vie inconnue,
dont on nous fait sans garantie une description
merveilleuse. L'Eglise s'applique trop à nous
dégoûter de tout ce qu'il y a dans le monde, des
plaisirs qu'il nous offre et des gens qui l'habitent.

Il n'est guère moral pour celui qui ne croit pas
à la divinité du dogme de voir le bonheur éternel d'un individu attaché à certaines conditions
indépendantes de sa volonté, à certaines formules
sacramentelles comme le baptême ; ni d'assimiler
et classer au même degré de culpabilité des fautes

de règle religieuse telles que l'abstention volontaire d'assister à la messe et des crimes moraux tels que le meurtre d'un homme.

Ce n'est pas enfin une morale irréprochable, celle qui donne à l'intérêt individuel un développement exagéré en imposant la vertu par des peines ou des récompenses éternelles et inimaginables et en faisant du salut personnel la préoccupation incessante. La surexcitation de l'intérêt égoïste n'est pas dans l'esprit de la morale dont la réalisation pratique dans la vie sociale ne peut procéder que de l'oubli de la personnalité et de sa fusion dans la vie de l'humanité entière.

Cette pression exagérée sur les volontés par la description des tortures inouïes dont la justice de Dieu doit s'assouvir sur ses malheureuses créatures et par la surveillance jalouse qu'elle exerce constamment sur leurs plus secrètes pensées, met quelquefois son empreinte sur les allures des gens très religieux. Ils sont portés à la tristesse, à se replier sur eux-mêmes, à ne plus oser un mouvement spontané. Ils prennent un air réservé à l'excès et cet aspect peu séduisant de gens qui veulent être très bons pour leur prochain, mais s'en méfient horriblement comme d'eux-mêmes. La religion pour corriger cette tendance leur ordonne la gaieté comme un devoir. Un saint triste est un triste saint, dit-elle ; mais une gaieté par devoir est une triste gaieté.

Une telle contrainte ne forme pas non plus des

caractères forts et résolus au bien par amour du
bien. Ce sont comme des enfants sur lesquels la
sollicitude de parents sévères a veillé de trop
près et qui n'ont pas appris à vouloir par leur
propre effort, sans pression extérieure. Tout va
bien tant que l'œil paternel est sur eux ; mais dès
qu'ils deviennent indépendants de la volonté qui
remplaçait la leur, ils prennent une allure désor-
donnée et ne savent plus marcher droit. De même
lorsque le scepticisme nous affranchit de la foi
religieuse, nous sommes très portés à nous mettre à l'aise avec la morale, parce que nous n'avons
pas appris à aimer le bien pour le bien, mais à
le pratiquer en vue de plaire à un maître imaginaire et redoutable, enregistrant tous nos actes
sur notre compte courant éternel. De sorte que
notre vertu dépend des chances de durée de notre
crédulité.

Aussi voyez où nous en sommes après tant de
siècles d'éducation religieuse. Nous nous sentons
pleins d'inquiétude en face d'une morale affran-
chie de la sanction pénale éternelle. Nous sommes
découragés à la pensée qu'il faudra pratiquer la
vertu pour elle-même ou par sympathie pour
l'humanité. Nous n'avons pas l'habitude de la
vertu désintéressée, nous ne nous en sentons pas
la force : les plus vertueux d'entre nous ont au
moins besoin de se la figurer sous les traits d'un
Dieu à leur image, avec qui ils s'entretiennent de
leurs intentions, qui leur donne ses ordres, qui
les encourage. Si l'illusion cesse, ils n'ont plus
la force de marcher seuls. Ce malaise ne peut

disparaître que par l'exercice de notre indépendance.

La religion nous a fourni dans le passé et le présent la mesure de sa puissance moralisatrice. L'histoire des mœurs du clergé pendant les siècles de grande foi n'est pas le seul élément offert à notre jugement sur cette question. Notre société moderne sort tout entière des creusets de l'Eglise qui a eu à sa disposition, pour accomplir son œuvre, dix-huit siècles, dont il faut compter dix ou douze de pouvoir absolu sur les races latines.

« Pendant douze siècles, écrit Léon Denis (1). l'Eglise a dominé, pétri à sa guise l'âme humaine et la société entière. Tous les pouvoirs étaient dans sa main. Toutes les autorités étaient en elle ou venaient d'elle. Elle régnait sur les esprits et sur les corps ; elle régnait par la parole et par le livre, par le fer et par le feu. Elle était maîtresse absolue dans le monde Chrétien ; aucun frein, aucune borne ne limitait son action. Qu'a-t-elle fait de cette société ? Elle se plaint de sa corruption, de son scepticisme, de ses vices. Songe-t-elle qu'en l'accusant elle s'accuse elle-même ?... Ce sont les abus, les excès, les erreurs de son sacerdoce qui ont engendré son état d'esprit. C'est l'impossibilité de croire aux dogmes de l'Eglise qui a poussé l'humanité vers le doute et la négation. »

« Le matérialisme a pénétré le corps social

---

(1) Léon Denis. — Christianisme et spiritisme. P.-G. Leymarie, Paris, 1898.

jusqu'aux moëlles ; mais à qui la faute ? Si les âmes avaient trouvé dans la religion, telle qu'elle leur était enseignée, la force morale, les consolations, la direction spirituelle dont elles avaient besoin, se seraient-elles détachées de ces Eglises qui ont bercé dans leurs mains puissantes tant de générations ? Auraient-elles cessé de croire, d'espérer et d'aimer ? »

La faillite morale de la religion est donc bien établie par les faits ; l'enseignement de l'Eglise n'a pas su retenir les consciences parce qu'il n'a pas donné aux intelligences la satisfaction à laquelle elles ont raison de prétendre.

De même, l'influence de la doctrine catholique sur le sens commun ne paraît pas irréprochable. « En donnant à l'homme une idée erronée de son rôle, dit encore Léon Denis dans *Christianisme et spiritisme*, elle a contribué à obscurcir la raison, à fausser le jugement des générations. Elle n'a pu se soutenir qu'à l'aide d'arguments subtils et captieux dont l'usage répété fait perdre l'habitude de raisonner et de juger sainement les choses (1). » Cette observation est très juste et les

_____

(1) L'Eglise exerce encore une influence fâcheuse dans la formation des intelligences par la préférence qu'elle accorde toujours aux impressions sentimentales sur l'observation des faits. Ennemie naturelle des sciences qui contredisent les textes sacrés elle se montre plus apte dans ses maisons d'éducation à la culture littéraire qu'à celle des sciences exactes. Cette influence s'ajoutant malheureusement à une prédisposition de notre race fait que nous préférons pour la direction du pays les orateurs

divagations absurdes et immorales des casuistes fournissent de beaux exemples de son exactitude (1).

Si nous étudions enfin l'influence de cette doctrine sur la science, c'est là que nous en constaterons les plus funestes effets. L'esprit théologique nourri de la conviction que les écritures saintes sont en tout point l'expression de la vérité énoncée par Dieu, a lutté sans trève depuis les Pères de l'Église jusqu'à nos jours contre les savants attachés à la vérité dans l'observation des faits. C'est une histoire lamentable celle de la marche laborieuse de la vérité scientifique, harcelée sans cesse par ses persécuteurs et semant la route de ses martyrs; cette expression n'a rien d'exagéré. On ne cite ordinairement que les victimes illustres, celles qui ont confessé la vérité publiquement; mais combien d'inconnus ont renoncé à la conquête du vrai entrevu parce qu'il fallait vivre et assurer la vie d'une famille que la fidélité à la science aurait entraînée avec eux dans la ruine?

Lisez cette longue énumération dans l'ouvrage très documenté de A.-D. White « La lutte entre la science et la théologie » (édition française, chez Guillaumin et Cie. Paris, 1899). Vous y verrez les Papes, les conciles, les inquisiteurs, les

---

brillants aux hommes dont la sage expérience pratique ne sait pas s'orner des fleurs de rhétorique.

(1) Consulter à ce sujet : *La morale des Jésuites*, par Paul Bert.

théologiens catholiques et protestants recourant
à l'envi au bras séculier pour frapper la science
qui dénonçait leurs erreurs, ameutant contre elle
le troupeau des simples, des pauvres d'esprit,
ignorants et crédules, et retardant pas à pas les
conquêtes de l'intelligence humaine qui a pourtant fini par triompher sur tous les points.

Tout ce qui est scientifiquement vrai a été
combattu par l'esprit religieux au nom des saintes écritures : l'ordre de la création, l'histoire
naturelle, l'évolution dans la vie de l'univers et
dans la formation des espèces; la configuration
de la terre et ses dimensions, sa rotation, les
taches du soleil, l'immensité des espaces, la pro-
fusion innombrable des mondes nous reléguant
à un rang infime, en un mot toute l'astronomie;
l'antiquité de la terre et de l'homme; la chimie,
la physique, la médecine si longtemps esclaves
des puissances de l'air et des interventions démo-
niaques ou providentielles; etc., etc.

Il faut aimer à égarer son jugement dans les
labyrinthes de la philosophie sentimentale et de
la rhétorique, pour oser exalter la religion en
proclamant aujourd'hui la faillite de la science
après que la religion a été obligée de déposer son
bilan scientifique et moral, après qu'elle a spé-
culé si maladroitement et avec une si fâcheuse
persévérance sur des données fausses et qu'elle
s'est montrée incapable de conserver et de bien
régler la direction morale de la société.

Il y a lieu de noter encore une raison de ne pas
admettre l'innocuité de la religion catholique,

Elle donne à des hommes qu'elle nomme ses ministres et qui prouvent trop souvent qu'ils ne sont que des hommes, le moyen de pénétrer par la confession dans la vie secrète des familles et dans l'indépendance des consciences. Ceux qui ont la foi peuvent accepter cette intrusion; mais elle s'impose indirectement à ceux qui ne croient pas et ils sont fondés à ne pas en être satisfaits (1).

Il me reste à dire que, lors même que nous croirions à l'influence salutaire du dogme, lors même que notre conscience ne nous reprocherait pas comme une action déshonnête de propager ce que nous savons être une erreur, nous devrions refuser notre concours à cette manœuvre parce qu'elle n'a aucune chance de produire de bons effets durables. Le mensonge dont notre timidité se ferait complice n'aurait pour effet que de prolonger, au grand détriment de l'avenir de la nation, le désarroi dans les consciences dont nous avons esquissé les fâcheux effets dans le chapitre premier. Il retarderait l'heure de l'émancipation et de la franchise, mais ne créerait pas un retour à la simplicité naïve dans une société trop posi-

---

(1) Il y aurait beaucoup à dire sur l'immoralité du confessionnal. Sans vouloir parler ici des confesseurs vicieux, les maladroits qui sont plus nombreux ne sont pas inoffensifs. La confession devient un exercice très dangereux quand le confesseur jeune, dévot et inintelligent fouille les consciences des enfants et des jeunes femmes avec toute la perversité des questionnaires préparés par les casuistes.

tive pour se laisser prendre à l'illusion des con-
tes d'enfants. Le développement de l'instruction
et la foi ne peuvent marcher du même pas. On
ne peut croire en même temps que la terre tourne
et qu'elle ne tourne pas.

Certains ont prétendu que nous faisons une
mauvaise action en dévoilant l'erreur religieuse
et que nous n'avons pas le droit de troubler la
sérénité des âmes fidèles ; thèse singulière qui
proscrirait les apôtres. L'inquiétude des ruines
inévitables les a-t-elle jamais arrêtés dans leur
propagande de ce qu'ils considéraient comme la
Vérité ? Est-ce que chez nous les catholiques
s'abstiennent de convertir les protestants et réciproquement ?

Réclamons notre droit de professer hautement
ce que nous croyons être la Vérité et la condition
du progrès. Ce n'est pas seulement un droit,
mais un devoir d'honnête homme. Travaillons à
faire cesser le plus tôt possible cette hypocrisie
humiliante qui nous incline avec les apparences
du respect et de la dévotion devant un dogme
dont nous avons sondé l'inanité. Nous avons un
rôle utile à remplir, non pas en persécutant la
foi sincère, mais en affirmant notre indépendance
et en donnant l'exemple de notre liberté aux
timorés qui n'osent pas s'aventurer sur ce chemin
nouveau sans y être encouragés par la présence
d'un groupe prêt à les accueillir.

Faisons œuvre d'hommes libres, mais non pas

celle de sectaires. Ne dogmatisons pas et acceptons la contradiction.

Enfin, et c'est le plus urgent, organisons l'enseignement moral nouveau afin que les jeunes
générations ne trouvent plus la place vide entre
les dogmes qui s'en vont et les préceptes moraux
à qui nos contradicteurs n'ont pas encore permis
de s'installer sérieusement dans l'école laïque.

———

X

Adopterons-nous les dogmes métaphysiques, Dieu, l'immortalité de l'âme, le libre arbitre, la responsabilité?

Après avoir répudié les hypothèses religieuses, associerons-nous le sort de la loi reconnue nécessaire aux hypothèses métaphysiques que la philosophie classique a données pour fondement à sa morale, Dieu, l'immortalité de l'âme, le libre arbitre et la responsabilité humaine? Ce sont principes en discussion depuis qu'il y a des philosophes sur terre et nous ne pouvons avoir la prétention d'établir sur ces points une certitude qu'on a vainement cherchée jusqu'à présent.

Dieu. — Sous cette dénomination, Dieu, les hommes ont revêtu de toutes les formes imaginables leurs conceptions de cette entité des forces de la nature, depuis les plus grossièrement humaines jusqu'aux plus idéalement insaisissables. Toutes donnent lieu à des contradictions, à des difficultés insolubles qui les ont fait critiquer et rejeter par les écoles qui ne les ont pas créées. Aucune ne peut être établie sur preuve indestructible s'imposant à la conviction universelle.

Dans la masse du public inapte à affranchir sa pensée des moules traditionnels, il prévaut un sentiment général en faveur de l'existence d'un Dieu supposé nécessaire comme cause première de tout ce q. existe. Il semble qu'on ait trouvé la solution.   ntes les difficultés lorsqu'on s'est résolu à attribuer à la puissance d'un être imaginaire tout ce qu'on ne sait pas expliquer des mouvements de la nature; mais il reste à expliquer cet être qui n'est pas l'effet d'une cause antérieure, qui est nécessairement cause en soi. La difficulté n'est que reculée et les hommes n'ont jamais pu se mettre d'accord dès qu'ils ont commencé à définir ce principe, sa nature et ses volontés.

Où réside la cause première, l'essence des forces ? Est-elle logée dans une personnalité consciente et distincte de la matière du monde ? Est-elle esprit pur ? Est-elle intelligence créatrice ou simplement conscience de ce qui est ? Mérite-t-elle au contraire le nom de grand inconscient ? Toutes les forces naturelles sont-elles essentiellement dans chaque atome et tout est-il dans tout ? C'est-ce qu'on débat inutilement depuis des milliers d'années, et il ne semble pas qu'on soit plus avancé qu'au début.

Nous sommes pleins de respect pour les grandes intelligences qui se consacrent à la tâche ardue d'élucider des problèmes si intéressants pour les destinées de l'univers; mais nous ne pouvons pas attendre les conclusions de la discussion et, en somme, elles importent peu à nos besoins. Si Dieu est conforme à quelqu'une des conceptions connues, il est certain qu'il n'a pas jugé utile de nous le faire savoir ni de nous révéler ses volontés.

Nous ne serions sans doute pas éloignés de personnifier vaguement sous ce nom, Dieu, en nous abstenant de toute définition d'attributs, les forces premières de la nature, et d'offrir ainsi à l'esprit humain un point dans l'espace pour y diriger ses aspirations au Bien et au Beau, de même que les dessinateurs font converger leurs lignes de perspective vers un point idéal. Mais il est trop dangereux d'ouvrir cette voie à l'imagination humaine; on y risquerait de la mettre en travail d'enfanter un nouveau Dieu. De plus, ce sont justement les conceptions les plus grossièrement fausses que ce nom évoque de préférence aux autres dans l'esprit du public. Il faut donc y renoncer pour ne pas introduire une cause de malentendu dans notre travail.

Du reste, quel appui pratique pourrions-nous prendre sur une forme vague qui s'altère irrémédiablement dès qu'on cherche à la préciser ?

En résumé, nous ne nions pas Dieu; nous l'ignorons. Nous attendons que ceux qui croient à son existence se mettent d'accord entre eux sur sa nature et nous en offrent une meilleure démonstration qu'ils n'ont pu la faire jusqu'à présent.

L'immortalité de l'âme. — L'immortalité de l'âme, c'est-à-dire la persistance de notre personnalité après notre vie, est un autre dogme

métaphysique non moins aventureux que celui
de l'existence de Dieu et qui non seulement ne
s'appuie sur aucune preuve plausible, mais qui
est en contradiction avec toutes les apparences
des faits. Il n'y a pas plus de vraisemblance à
la survivance de la personnalité de l'homme qu'à
celle des animaux, et notre raison conçoit bien
difficilement une réserve d'âmes personnelles
attendant d'être utilisées dans la formation des
hommes et restant distinctes après la mort, alors
que leur association avec la matière a cessé. Ce
qui fait la personnalité, c'est évidemment la forme
et la délimitation matérielles.

C'est mon corps qui donne naissance à ma personnalité et celle-ci ne peut se manifester que par
lui. Les transmissions héréditaires de sa forme
imposent à cette personnalité son caractère
propre. Si le développement de mes organes est
entravé, elle en sera modifiée. Il suffira d'une
lésion accidentelle de ma moëlle pour que mon
âme en subisse des altérations considérables.
Puis un jour l'énergie matérielle faisant défaut,
les sentiments, la pensée, la volonté dont l'activité était localisée dans mon cerveau et était sus-
pendue dès que le sang cessait d'y affluer, s'affai-
bliront et disparaîtront irrévocablement en même
temps que ce cerveau où elles se moulaient, où
elles prenaient leur caractère particulier. Il n'y
aura rien de perdu; la matière du monde n'en
pèsera ni plus ni moins et l'âme de l'humanité
n'en sera ni accrue ni diminuée. Les éléments

qui me constituaient courront à de nouvelles associations dans un rajeunissement indéfini.

Voilà ce que les faits proclament. Pour les contredire, on invoque la nécessité de soumettre notre personnalité à la justice divine qui manifestement, dit-on, ne s'exerce pas suffisamment sur elle en ce monde. Cette nécessité n'est nullement démontrée et tout ce que les hommes ont inventé sous l'empire de cette obsession de la justice divine est d'une injustice monstrueuse, appliquant des peines et des récompenses sans mesure et sans fin à des actions temporaires commises sous la pression de toutes les forces s'exerçant sur une pauvre volonté humaine.

A notre avis, la conception de l'immortalité de la personnalité a eu une influence néfaste en exagérant l'importance de celle-ci au détriment de la morale qui en exige la subordination au profit de la collectivité. La sagesse et sa conséquence, le bonheur, ne donneront sur terre ce qu'on en peut attendre que lorsque chacun de nous se sentira tellement lié au sort de la race qu'il ne distinguera pas ses intérêts de ceux de la collectivité.

Chacun peut penser ce qu'il veut au sujet de sa personnalité, la faire immortelle, la promener à travers des épreuves d'où elle sortira plus pure; la faire voyager dans le corps des animaux, des hommes de génie ou des anges; la laisser flotter dans l'éther sous le nom de périsprit que lui donnent le spiritisme; nous n'avons pas à y contredire.

Mais dans l'étude que nous poursuivons nous

ne devons tenir aucun compte d'hypothèses dont
la réalité n'est pas démontrée ; nous devons nous
borner à ce que proclament les faits palpables.

Ils nous disent que les innombrables personna-
lités ne sont que les manifestations passagères du
type humain qui, seul, persiste à travers la succession des individualités. L'humanité vit et agit
en chacun de nous. Comme un torrent que les
inégalités du terrain divisent en un nombre infini
de filets d'eau s'écartant de lui pour revenir un
peu plus loin à sa masse, la race humaine nous
fournit tous nos éléments d'existence et nous les
reprend tous.

La conclusion rationnelle de notre thèse est
que tous les phénomènes de la vie individuelle,
l'initiative des actes et leurs conséquences, ne
peuvent être moralement compris qu'en leur
conservant leur liaison intime avec la vie de l'humanité qui, agissant dans l'individu, se réjouit et
souffre en lui, et recueille les conséquences heu-
reuses ou malheureuses de ses actes. L'individu
n'y participe que dans la mesure restreinte où les
conditions de son incarnation l'ont fait indépendant de la collectivité.

Et cette conception corrige ce qu'il y a de
révoltant dans la transmission héréditaire à de
nouveaux êtres des tares des prédécesseurs. En
effet, n'est-il pas monstrueusement injuste qu'un
individu, considéré comme être indépendant dans
sa personnalité et destiné à en subir éternellement le poids, naisse affligé dans son organisme
de prédispositions funestes et de conséquences

d'actes commis par d'autres individus antérieu-
rement à sa naissance, qu'il en subisse une
condamnation à la maladie et à des incapacités
mentales ? Tandis que s'il ne faut voir dans la
suite des existences individuelles que l'organisme
vital d'un seul être, l'homme, la conciliation se
fait aisément entre la réalité des faits et la notion
que nous avons du juste et de l'injuste ; et il n'y a
pas de conciliation possible en dehors de notre
thèse.

Néanmoins, nous ne proposons pas cette doctrine comme un dogme nécessaire, mais simplement comme une opinion vraisemblable. En tout
cas nous ne prendrons pas l'hypothèse de l'immortalité de l'âme pour point d'appui de notre
morale.

Liberté et responsabilité. — Quant au libre
arbitre et à la responsabilité, nous en dirons peu
de choses. Si nous faisions ici une discussion
philosophique, nous pourrions être tenté de nier
la liberté de nos déterminations, car il faut bien
reconnaître que les opinions ne sont pas moins
partagées sur ce principe que sur les précédents et
que de plus notre raison y cherche querelle à notre
sens intime pour le contraindre à une négation
qu'il refuse. Mais nous sommes à l'école du sens
commun et de la vie pratique et cela simplifie la
question. La vie active de l'homme nous affirme
très énergiquement l'existence de notre liberté

volontaire ; c'est un de ses organes essentiels et qu'on ne peut supprimer.

Nous vivons de la foi en notre liberté de détermination et elle fait tellement partie de notre organisation que ses négateurs eux-mêmes ne peuvent s'empêcher d'en user comme les autres. On les voit délibérer avant d'agir et peser mûrement les motifs de leur décision comme s'ils étaient convaincus qu'il dépend d'eux de les convoquer à la délibération et d'en tenir compte.

Alors quel intérêt pratique peut avoir une théorie au sujet du libre arbitre? Aucun, puisqu'elle ne modifierait en rien nos procédés d'activité.

De même le sentiment de la responsabilité et l'instinct du juste sont des éléments inaliénables de nos jugements et de nos actes. Nous avons une notion très vive de la responsabilité des autres hommes et même de la nôtre. Nous savons gré à nos amis d'avoir voulu nous rendre service, alors même que leur intention n'a pu produire son effet. Par contre, nous tenons pour coupable l'homme qui a voulu nous nuire, qui a exercé sa malice d'intention à notre égard, malgré qu'il n'ait pas réussi. L'instinct des rapports équitables entre un acte et ses suites est tel que nous nous soumettons dès l'enfance sans trop de révolte au châtiment d'une faute commise si nous ne le jugeons pas excessif, tandis que la moindre injustice, même lorsque nous n'en sommes pas la vic-

6

time, soulève notre indignation. Avons-nous jamais pu accepter avec indifférence la pensée qu'un innocent a été victime d'une erreur judiciaire et a souffert la peine méritée par un autre ?

Mais si nous admettons en principe la réalité de la responsabilité morale, il faut reconnaître qu'il y a une très grosse difficulté à la mettre d'accord avec les faits, tant que nous attribuons à la personnalité un rôle exagéré. Les anciens systèmes de morale en avaient tiré cette conséquence hypothétique que la sanction de la responsabilité personnelle devait nécessairement s'accomplir dans un autre monde. Malheureusement, il s'en faut de beaucoup que la solution telle qu'ils l'imaginaient fût satisfaisante.

Car si nous examinons les circonstances qui concourrent à la détermination d'un homme appelé à choisir entre un plaisir personnel et un devoir, nous trouverons que les facteurs du résultat attendu se composent de toutes les influences que la collectivité humaine a accumulées chez cet homme. Il a reçu de ses parents son corps avec des aptitudes, des tares, des prédispositions caractérisées. Son cerveau a la forme familiale ; son système physiologique est lymphatique ou nerveux, ou sanguin, sans qu'il lui ait été donné de rien prescrire à ce sujet. Par là, il est prédestiné à la fermeté de caractère ou à une volonté molle ou à des accès de nervosisme, etc.

Ses notions intellectuelles, les moules de ses

idées ont été préparés par le travail de nombreuses générations. A peine vit-il que l'humanité qui l'environne s'empare de lui, lui inculque ses idées, ses erreurs, ses motifs de détermination.

Les lois sociales lui ont fait sa place et sa part dans le monde. Il est dans l'abondance ou il souffre de privations et ces circonstances ont sur la formation de son âme une influence considérable.

Il est environné de bons ou de mauvais exemples.

De sorte que cet homme est dans la situation de celui qu'une foule énorme pousse par derrière et qui enfonce une barrière qu'il ne devait pas franchir. C'est lui qui a fait le dégât : mais qui ne voit que sa part de responsabilité est limitée au concours ou à la résistance de sa volonté au mouvement général et qu'il ne doit équitablement supporter que sa quote-part de l'amende encourue ?

Or, pour lui donner l'énergie de résister, l'ancienne conception morale s'en prend presque exclusivement à la personne qui réalise le délit, et elle la condamne à des supplices énormes. Il est certain que, pour ceux qui croient à l'accomplissement de la menace, celle-ci est un stimulant à déployer une grande énergie de volonté ; mais une punition si excessive ne satisfait pas notre sentiment de la justice. Nous souhaiterions ne répartition proportionnelle à la contribution de chacun dans la faute, et alors il faut bien reconnaître que la part de chaque personne devient tellement minime qu'il n'en résulte pas un encouragement d'intérêt appréciable à la pratique du bien.

Ce que nous disons des châtiments s'applique évidemment aussi aux récompenses.

On ne peut rétablir l'équilibre entre l'initiative individuelle et la sanction qu'en transportant à la collectivité l'importance du rôle que nous avons appris à attribuer à l'individualité. Car notre conviction est que nous ne mettrons l'accord entre les faits et nos sentiments de justice et de responsabilité que le jour où nous aurons éteint en nous l'égoïsme de notre personnalité au point de nous considérer comme de simples atomes vibrant dans le corps de l'humanité et de confondre entièrement nos mouvements et nos intérêts personnels avec les siens. Nous ne toucherons à la solution parfaite que le jour où nous éprouverons tous pour la race humaine ce sentiment de solidarité qui confond les intérêts des êtres d'un même foyer et qui fait qu'il n'y a pas entre eux des lots individuels, mais une masse commune de joies et de peines, de profits et de pertes.

Quand on remonte aux causes premières de la formation d'une détermination, l'initiative de l'individu ne peut se distinguer des influences de la collectivité. Il paraît donc équitable que l'humanité, qui a tenu une si grande place dans l'acte individuel, en recueille la responsabilité morale et n'en transmette sa part à l'individu que dans la mesure où celui-ci participe à la vie indéfinie de la race.

Mais il n'entre pas dans notre programme d'aborder des discussions d'hypothèses sur les principes pour l'explication de difficultés dont la solution satisfaisante reste à trouver. C'est pourquoi, après avoir indiqué sommairement, dans les pages précédentes, l'incapacité de la philosophie à nous donner des affirmations indiscutables que nous puissions adopter sans conteste comme fondement de notre loi morale, nou. .ious proposons de laisser la science continuer ses recherches et contrôler par ses découvertes la bonne direction de nos efforts, tandis que nous nous placerons sur un terrain indépendant pour y construire l'édifice dont nous avons reconnu la nécessité.

Cette construction doit s'adapter aux conditions de la constitution de l'être à qui elle est destinée. Nous l'entreprenons non pas pour un homme imaginaire, produit conventionnel des spéculations de notre intelligence, dépouillé par le doute de ses ressorts d'activité, mais pour l'homme sainement constitué, en possession des forces naturelles qui concourent au développement et à la fécondité de sa vie, mettant en jeu avec confiance ses facultés, ses instincts, ses notions élémentaires du Bien, du Beau, du Juste, son penchant de sympathie pour autrui, sa volonté énergique dans la conscience de la liberté et de l'utilité de son initiative. Il ne se

6.

demande pas avant chaque acte si les affirmations de son sens intime sur la liberté de vouloir ni sur la réalité objective du Beau et du Bien sont des illusions. Il n'a que faire de les juger illusions puisqu'en fait il agit et vit par elles. Elles sont, en tout cas, réalités dans ses moyens de vie.

Nous ne prétendons pas compléter et adapter à l'éthique conventionnelle de la société la nature de cet homme en lui inculquant des notions artificielles sur l'existence d'un être supérieur imaginaire et sur les relations qu'il aura avec lui dans une autre existence.

Bref, nous acceptons cet homme tel qu'il est. Il veut vivre, il veut être heureux et il souhaite d'être bon. L'idéal pour lui est dans l'accord de ses deux fins : le bonheur et la vertu.

Notre tâche est nettement tracée. Elle consiste à lui indiquer la voie que nous croyons la plus directe pour le conduire à la réalisation possible de cet idéal.

XI

Ayant amoindri la responsabilité personnelle, sur quoi baserons-nous notre espoir de l'observation de la loi morale ?

Si l'homme était aussi pervers, aussi exclusivement porté au mal que le croit le christianisme, la suppression de l'enfer et du paradis nous menacerait d'une chute morale fort dangereuse. Amoindrir l'intérêt personnel dans la pratique de la vertu et donner pour mobile des efforts au bien l'intérêt de la race humaine ne pourrait être regardé comme une préparation prudente du progrès.

Heureusement, nous trouvons dans l'observation de la nature humaine et dans les phénomènes de la vie des sociétés de quoi rassurer ces alarmes. L'homme est doué d'énergies morales qui demandent satisfaction et qui le poussent à organiser une règle du bien partout où il fonde une société. A plus forte raison l'aideront-elles à suivre la tradition de la règle existante.

Voici quels sont les instincts et les facultés de l'homme qui concourent le plus directement à sa vie morale.

1º Le sens moral, c'est-à-dire la faculté de discerner le bien du mal, de classer les actes en leur attribuant un degré de rapport à l'idéal du Bien.

2° Le sentiment du Juste.

3° Les penchants altruistes, amours de la famille, besoin de société, sympathie pour autrui, pitié pour ceux qui souffrent.

4° Le sentiment de notre dignité personnelle, le besoin d'approbation, l'amour-propre.

5° Le goût de l'ordre, de la proportion, de l'harmonie dans la nature.

6° Le sentiment du devoir, de l'obligation morale : la susceptibilité de la conscience.

L'homme apporte ces énergies pour le Bien en germes en lui-même. Les conditions de son éducation contribuent à les étouffer ou à leur faire prendre un grand développement. Ce sont des forces à diriger et qu'un bon enseignement moral doit utiliser.

Non, la disparition des dogmes religieux ne mettra pas la vie morale en danger de mort. Celui qui, en présence d'une morale dépouillée des anciennes exagérations de sanction individuelle, s'écrie : « Croyez-vous qu'on se sacrifiera si on n'y a plus un intérêt personnel dans l'éternité ? » connaît mal notre nature. Pense-t-il qu'un calcul précède ordinairement le mouvement des victimes spontanées du devoir ou de l'amour du prochain ? Ont-ils donc toujours escompté l'éternité le sauveteur qui risque sa vie dans les flots pour répondre au cri d'angoisse qui appelle son secours, la gouvernante qui se précipite au-devant d'un chien enragé et se fait mordre par lui pour protéger les enfants confiés à sa garde, le capitaine de navire qui reste sur son bâtiment et sombre avec lui pour ne pas prendre dans le dernier canot la place d'un autre naufragé, le chauffeur qui se jette dans la vapeur brûlante d'une explosion de chaudière pour fermer la communication des autres générateurs de vapeur et qui paie de sa vie son dévouement à la vie des autres ?

M. Guyau, dans son *Esquisse d'une morale sans obligation ni sanction*, cite un exemple caractéristique de sentiment impulsif et irréfléchi. Un ouvrier d'un four-à-chaux des Pyrénées, étant descendu dans le four pour se rendre compte d'une avarie, tombe asphyxié ; un autre se précipite à son secours et tombe à son tour. Une femme témoin de l'accident crie à l'aide et aussitôt un troisième, un quatrième, un cinquième ouvrier périssent victimes de leur dévouement. Il n'en restait qu'un ; il s'avance et va sauter, lorsque la femme, folle de terreur, s'accroche à lui et le retient sur le bord. Quand un magistrat procédant à l'enquête lui démontrait plus tard l'irrationnalité d'un dévouement inutile qui ne pouvait qu'accroître le nombre des victimes, il fit cette réponse admirable : « Oui, mais les compagnons se mouraient. *Il fallait y aller.* »

Les victimes du devoir et les apôtres de la charité ne feront jamais défaut parce que la charité et le sentiment du devoir sont au cœur de l'homme ; parce qu'ils y ont été mis par la nature et développés par l'éducation, de quelque thèse doctrinale, qu'elle procède. La religion du pays, étant la personnification officielle de l'idée morale, bénéficie de ces nobles actions ; mais elle les doit comme sa propre existence aux instincts de la nature humaine.

La bonté n'est le monopole d'aucune confession, et ce sera toujours cet excellent vieux fonds de l'humanité, la sympathie à la souffrance d'autrui, qui commanditera toutes les morales. Il n'est pas à présumer que la libre-pensée, faisant plus largement appel à ce sentiment, en obtienne moins que les dogmes.

Par contre il y aura toujours des dévoyés, des natures atrophiées, des criminels par tempérament, des monstres d'immoralité. La religion ne les a pas supprimés et la libre-pensée n'a pas l'espoir d'en délivrer la société.

Une meilleure conception du rapport de la responsabilité avec la solidarité du genre humain doit élargir le rôle de la société dans l'organisation de la morale. Tout en stimulant le plus possible l'initiative individuelle, le gouvernement du pays comprendra que les institutions sociales généreuses aident puissamment cette initiative et qu'il appartient à la communauté de rendre facile la pratique du Bien. On se préoccupera davantage de créer le milieu favorable au Bien et de diminuer l'intérêt de faire le Mal.

Nous allons maintenant tracer une rapide silhouette de ce que pourra être l'enseignement moral dégagé de ses langes ; mais auparavant je crois devoir signaler le seul regret sérieux que peuvent mériter les anciens dogmes à l'heure de leur départ.

En enlevant aux malheureux, aux déshérités de ce monde, la foi en une autre existence, ne va-t-on pas les priver de la seule consolation que leur offre l'espoir d'une compensation abondante dans l'éternité ?

Hélas ! nous n'avons qu'à avouer franchement notre impuissance à justifier le mal et la souffrance dans le monde. Nous les subissons fatalement comme une condition inéluctable de la vie, au moins dans l'état actuel de nos connaissances. L'homme est environné d'inconnu et de mystérieux. Il constate autour de lui et en lui-même l'existence de forces dont la raison d'être lui est cachée et des nécessités apparemment inconciliables avec le bien idéal. Il pose inutilement des questions à sa raison et à la science qui restent incapables de lui en donner la clef. Il n'y a que les religions qui prétendent ignorer ces difficultés. Le difficile pour nous est d'accepter des explications comme celles de la Bible ; et même lorsqu'on les accepte, comment justifier Dieu d'avoir permis la souffrance des êtres sans responsabilité comme les animaux, et de poursuivre sa vengeance implacable sur des hommes nés plusieurs milliers d'années après la faute commise par d'autres ? Comment notre sentiment du juste et de l'injuste apprécierait-il un juge qui condamnerait aujourd'hui un innocent aux travaux forcés sous prétexte que les ancêtres de cet homme ont commis un crime autrefois ?

Il est pourtant des intelligences cultivées à qui ces explications suffisent, des aveugles volontaires qui, séduits par le rythme de la vieille chanson, ferment les yeux pour continuer leur sommeil et leur rêve. Je ne les critique ni les envie ; je constate seulement que bien peu d'hommes aujourd'hui sont capables de goûter leur quiétude et de se laisser bercer par des refrains mieux appropriés aux sociétés en bas âge qu'à celles arrivées à maturité scientifique et intellectuelle. Si elles y regardaient de plus près, bien des âmes religieuses s'apercevraient de la fragilité des consolations offertes par la religion. L'avenir qu'elle nous laisse entrevoir dans une autre existence doit être acheté à un tel prix que personne ne peut être assuré de sa possession et que les saints eux-mêmes ont tremblé à la pensée du jugement à subir. Le mieux qu'un croyant puisse espérer, c'est d'atteindre la récompense éternelle après un long temps de tortures inouïes subies dans le purgatoire. Comment un catholique peut-il penser sans angoisse aux souffrances que va endurer l'être aimé qu'il vient de coucher dans son cercueil ? Comment peut-il lui dire au revoir avec sécurité, alors que l'enfer peut les séparer tous deux à jamais ? Est-ce là une perspective si consolante, quand elle est obscurcie par un si horrible inconnu ?

Mieux vaut encore la certitude de notre retour à la source commune et de notre fusion dans la vie indéfiniment rajeunie de la nature. C'est du reste une erreur de croire que l'homme qui a réussi à se débarrasser de toute crainte surnaturelle et qui marche assuré dans la pleine conscience de sa liberté, soit plus à plaindre et supporte moins courageusement les alternatives de l'existence que le fidèle religieux. J'en parle d'après ma propre expérience. Tant qu'il subsiste quelque doute dans les convictions, tant que les influences de l'éducation et les habitudes de la pensée longtemps soumise au dogme font encore sentir de temps à autre qu'elles ont été maîtresses de votre intelligence, on subit quelques moments d'angoisse, on se sent plus isolé dans l'épreuve. Mais dès que la raison a reconquis son autorité, l'homme marche libre et fier sous la menace des orages qu'il sait inévitables; il s'habitue à ne compter que sur lui-même et n'attend pas dans la prière un secours étranger; il a la sensation vivifiante du plein air, agréable malgré ses rudes intempéries, tandis que le croyant se calfeutre dans son rêve et demande à son imagination de le défendre contre la réalité.

Quoiqu'il en soit, la libre-pensée et la morale indépendante du dogme ne créent pas notre fâcheuse ignorance et notre incapacité à justifier tout ce qui est nécessaire. Il faut nous résigner à ne pas savoir parce que nous ne pouvons trouver nulle part une solution acceptable des énigmes éternelles.

Il n'y a qu'une explication plausible de toutes

les contradictions qui nous choquent dans la vie
de la nature et de l'impossibilité d'accorder les
phénomènes et les idées nécessaires ; c'est que
l'intelligence de l'harmonie universelle ne peut
être perçue par notre organisme incomplet. Peut-
être un jour l'effort développera-t-il notre constitution au point de nous permettre des percep-
tions qui nous sont inconnues. Sans doute, des
organismes plus parfaits existent-ils dans les
innombrables mondes, qui peuplent l'espace
infini. En notre état actuel, nous sommes au
milieu de la nature comme serait au milieu d'un
orchestre, jouant une symphonie admirable, un
individu dont l'ouïe atrophiée ne percevrait pas
toute la gamme de vibration des sons. Il serait
ravi tant que la mélodie et son accompagnement
se tiendraient dans les sonorités accessibles à son
oreille, et il souffrirait d'une horrible cacopho-
nie dès qu'une partie des accords sortirait des
limites de ses moyens d'audition.

La morale positive, si elle endommage le rêve
d'un petit nombre d'âmes encore imprégnées de
la foi, aura du moins pour toute l'humanité
l'avantage de concentrer les efforts de la société
sur l'amélioration de la réalité et de mettre tout
en œuvre pour prévenir ou adoucir des maux
qu'elle ne sait pas voiler d'illusions.

Notre incapacité à résoudre les problèmes intéressant la destinée humaine est certaine. Depuis
que les hommes sont sur terre, ils s'y sont exer-
cés inutilement, créant dans les philosophies et
les religions, suivant leur degré de savoir et de

culture intellectuelle, des solutions plus ou moins incohérentes.

Cette recherche se continuera et les savants consciencieux qui lui consacreront leurs efforts mériteront les encouragements et le respect des autres hommes; mais il ne faut pas attendre leur succès pour bien vivre et pour préparer à notre descendance un monde aussi agréable à habiter qu'il sera possible de le faire.

DEUXIÈME PARTIE

LA LOI NATURELLE

I

Définitions.

D. — Quel est le but de l'éducation morale ?

R. — Le but de l'éducation morale est d'apprendre aux hommes à bien vivre et, par ce moyen, de les rendre aussi heureux qu'il est possible.

D. — La morale a-t-elle en vue le bonheur de tel ou tel homme en particulier ou celui d'une catégorie d'individus ?

R. — Non. La morale a en vue le bonheur de tous, celui de la race humaine entière, non seulement dans le temps présent, mais dans tous les temps.

Le système qui prendrait pour but de procurer des avantages spéciaux à quelques privilégiés ne serait nullement moral et violerait les principes d'égalité et de justice.

D. — A-t-on enseigné de tout temps la même morale ?

R. — Non. L'enseignement de la morale a suivi la loi universelle de l'évolution et du progrès. Les hommes n'ont pas connu dès le commencement les meilleures règles du bonheur et ils ne les connaissent pas encore complètement ; mais l'expérience des générations passées sert à l'instruction des générations suivantes.

Actuellement la grande généralité des hommes s'accorde sur tous les préceptes fondamentaux de la morale en dehors des hypothèses qui composent le credo spécial de chaque culte religieux.

D. — Comment appelle-t-on la règle morale générale, indépendante des dogmes ?

R. — On l'appelle la loi de la nature ou la loi naturelle.

D. — Qu'entendez-vous par la nature ?

R. — Par la nature nous entendons la force qui anime et qui meut l'univers (1).

D. — Comment se manifeste à nous la loi naturelle ?

R. — La loi naturelle se manifeste à nous :
1° Par l'ordre que la nature donne à la conscience de tous les hommes de faire le bien et

---

(1) Définition donnée par Volney.

d'éviter le mal, pour concourir à son évolution vers le progrès ;

2º Par les instincts moraux dont chacun de nous est plus ou moins doué ;

3º Par les conséquences de nos actes, conséquences dont notre observation fait son profit pour la détermination de ce qui est bien et de ce qui est mal et pour l'établissement de la règle.

Il résulte de ces énoncés que la loi morale naturelle est la conséquence des faits et de l'expérience et non pas celle d'hypothèses métaphysiques ou religieuses. Elle a donc une certitude plus grande. Nous possédons deux éléments de connaissance de la loi naturelle :

1º L'instinct ou le sentiment du bien, sujet à erreur et à variation et dont les données ne doivent être définitivement acceptées que sous le contrôle des faits et de la raison ;

2º L'observation de la vie universelle, particulièrement celle des conséquences des actes humains dont nous tirons les éléments nécessaires pour contrôler les données du sentiment. C'est là le terrain solide de l'édifice moral.

Exemple : l'instinct pousse les mères à aimer, protéger et choyer les enfants. Sous cette impulsion sentimentale beaucoup de mères négligeant leur devoir moral s'ingénient à satisfaire des caprices et à procurer des jouissances de bien-être qui deviendront vite des habitudes tyranniques. L'observation des faits leur apprendrait que les hommes ainsi formés sont mal préparés à la vie et courent le risque d'être malheureux parce qu'ils s'irriteront trop vivement de la moindre résistance, parce qu'ils seront affaiblis dans leur santé par des précautions excessives, parce qu'enfin ils seront la proie de besoins qu'il n'est pas toujours possible de satisfaire. La femme intelligente et instruite des conséquences de ses actes saura mieux s'y prendre pour préparer le bonheur de ses enfants.

D'aucuns objectent à cette morale naturelle essentiellement utilitaire qu'elle ne tient compte que du bien naturel et non du bien moral.

Nous répondons avec Leibnitz : « Le bien naturel devient le bien moral quand il est réalisé par la volonté, » et quand celle-ci subordonne le plaisir individuel à l'intérêt de la race.

II

La Solidarité.

D. — Quel est dans la loi naturelle le principe capital que nous révèle l'observation scientifique appliquée à la vie de la race humaine ?

R. — C'est la solidarité des hommes entre eux non seulement dans le temps de leur existence mais entre tous les âges de l'humanité.

D. — Que faut-il entendre par cette expression : la solidarité des hommes entre eux ?

R. — Il faut entendre que les hommes sont tous responsables les uns pour les autres, qu'ils peuvent tous être appelés à profiter des bonnes actions de ceux qui font le bien parmi eux, mais qu'ils sont exposés à pâtir pour les mauvaises ; que par conséquent ils sont tous intéressés à la bonne conduite de chacun.

D. — Sur quels faits repose la solidarité des hommes à travers les siècles ?

R. — Chaque individu en naissant n'apporte rien en lui qui ne lui vienne de ses prédécesseurs. Il trouve la société organisée par eux, avec des éléments de bien-être ou de souffrance qui sont le fait de leur activité. Leurs découvertes scientifiques, leur organisation commerciale et industrielle lui facilitent l'accès à la fortune et le mettent à l'abri des grands fléaux tels que la peste, la famine, les rigueurs des intempéries; mais leurs vices, leurs excès lui transmettent des germes de maladie et des prédispositions au mal physique et au mal moral.

Leurs bonnes institutions sociales lui garantissent l'exercice de ses droits et de sa liberté ; les mauvaises lui assignent un sort plus ou moins injuste.

Pendant toute sa vie il puise dans le milieu qui l'environne et dans le trésor commun de la civilisation tous ses moyens de travail et de prospérité.

Enfin lorsque sa personnalité s'éteint il rend à la nature tout ce qu'elle lui a prêté pour vivre, accru des effets de son initiative. Comme il a hérité des actes de ses prédécesseurs, ses descendants hériteront des siens dans leur participation au fonds de la communauté.

Cette solidarité manifeste ses effets avec plus d'intensité dans le cercle étroit de la famille. Il est plus facile d'y constater quelle souffrance cause à tous ses membres la méchanceté ou l'inconduite de l'un d'eux et comme chacun y profite de la bonté des autres.

Il est très important pour comprendre la vie morale de la société de bien nous pénétrer de ce principe de solidarité. C'est sur lui que s'établira le progrès à venir (1). Nous avons été trop accoutumés à considérer chaque vie humaine comme un tout complet distinct de l'existence de l'humanité, et perdant ainsi le point de vue exact nous avons été conduits à d'étranges conceptions sur la responsabilité et sur la sanction des actes attribués trop exclusivement à la personnalité. Pour concilier notre notion de justice avec les limites étroites et si variables d'une existence individuelle nous avons voulu échafauder dans le monde surnaturel un colossal édifice, produit de notre imagination, et si mal conçu qu'il serait, s'il existait, un monument d'iniquité.

En réalité il n'y a pas deux manières d'harmoniser avec les faits notre notion du juste. Il faut transporter au corps de l'humanité la responsabilité que nous enfermions dans chacune de ses innombrables cellules. Alors ce qui était injuste à l'égard du particulier, s'adapte équitablement à la communauté et y trouve sa place comme la conséquence naturelle et fatale de la vie de l'ensemble.

Quand nous comprenons bien notre lien si intime avec la grande famille humaine, nous élargissons le cercle étroit de nos intérêts; nous ne nous prenons plus pour centre de tous les mouvements de l'univers ; nous voulons aider à la marche au progrès de cette communauté qui nous appartient autant qu'elle nous possède, à laquelle nous sommes unis par les souvenirs du passé et par les espérances de l'avenir, qui enfin est notre chair, notre intelligence, nos passions et tout nous-même.

---

(1) Lire sur ce sujet la brochure de Léon Bourgeois : *Solidarité*. Armand Colin et Cⁱᵉ, Paris.

Alors nos facultés trouvent dans ce concours librement consenti une expansion agréable et vivifiante.

Si au contraire nous nous posons en face de l'humanité en égoïste indifférent ou hostile, si nous nous prenons pour objet exclusif de nos affections, nous devenons un obstacle, un élément de désordre et de souffrance pour le milieu auquel nous nous adaptons mal ; nous nous étiolons ; nous rapetissons notre rôle et nos facultés ; nous prenons conscience de ce désaccord créé par nous et nous en souffrons. Mécontent de nous-même et de la société, nous sommes la première victime de notre révolte contre la loi naturelle.

Ainsi, suivant l'expression de Secrétan, « le bien moral est de nous vouloir et de nous concevoir comme membre de l'humanité. Le mal est de nous vouloir isolément et de nous séparer du corps dont nous sommes les membres. »

III

L'Individualisme.

D. — Que faut-il entendre par l'individualisme ?

R. — Par l'individualisme nous entendons les avantages de la personnalité pris pour objet de nos actes, et c'est de cette partie de l'enseignement moral que nous allons traiter dans ce chapitre.

D. — La loi naturelle qui nous déclare solidaires de l'humanité ne nous interdit donc pas les aspirations au progrès et au bonheur individuels ?

R. — Bien loin de là. En régularisant ces aspirations, elle fait du développement de la personnalité la pierre angulaire de la morale.

D. — Il semble cependant qu'il soit difficile de concilier deux principes dont l'un nous porte à sortir de nous-même pour donner le concours de notre activité à l'intérêt commun et l'autre appelle notre attention sur ce qui nous est personnel. Comment réduire cette contradiction ?

R. — La contradiction n'est qu'apparente ; il suffit d'y réfléchir pour la résoudre. Un tout ne peut prendre sa valeur que des unités qui la composent. Si ces unités sont faibles, le tout sera faible aussi. Il faut donc fortifier les unités si l'on veut améliorer la puissance de l'ensemble. Le seul moyen d'apporter un concours énergique à la vie de la race, c'est de développer le plus possible notre propre vie.

Loin de s'opposer l'un à l'autre ces deux forces, l'individualisme et la solidarité, doivent se prêter assistance et aller au même but. Si dans un attelage de plusieurs chevaux gravissant une pente, les uns tirent dans un sens et les autres dans un autre, la peine est plus grande pour tous et la marche en avant retardée. C'est pourquoi il importe que l'individu sache quelle est la fin proposée à l'activité générale. Cette fin c'est le bonheur de la race dont sa part lui est assurée par la solidarité,

D. — Que demande de nous l'individualisme?

R. — L'individualisme qu'il faut cultiver chez soi et honorer chez les autres, n'est autre chose que le développement en tout sens de la personnalité humaine, recherché et obtenu par la mise en valeur de nos facultés intellectuelles, par notre développement moral et surtout par un épanouissement hardi et réglé à la fois de notre énergie volontaire (1).

Nous détaillerons plus loin les devoirs qu'il commande; mais dès à présent nous pouvons noter que le plus important de tous est la formation de la volonté.

C'est un sujet d'inquiétude et d'affliction pour tous les moralistes français de constater à quel point l'énergie de la volonté et les autres devoirs de l'individualisme sont négligés chez nous comparativement à leur développement chez d'autres races, particulièrement chez les anglo-saxons (2).

Sous d'autres rapports nous ne prendrons pas ces peuples pour modèle; mais tout en conservant ce qui est le propre de notre tempérament, la générosité, l'expansion de notre sympathie vers les opprimés, et surtout la sincérité, la droiture de notre sens du juste même dans les questions où notre intérêt est engagé, ne négligeons pas de constater ce qui est bon chez les autres nations et ce qu'il serait avantageux de nous assimiler.

Or il est reconnu que la race anglo-saxonne, partout où

(1) Cette définition est empruntée à Jacques Rocafort : *L'Éducation morale au lycée.* E. Plon, Nourrit et C⁹, Paris, 1899.

(2) Consulter sur ce sujet l'ouvrage de E. Demolins : *A quoi tient la supériorité des anglo-saxons.*

elle se répand sur la surface du monde, marche à ses fins avec la sécurité d'une force inébranlable, et cette force c'est sa volonté actionnant un corps assoupli par l'exercice et une intelligence sainement pourvue de connaissances pratiques plus que d'élégance rhétoricienne. L'éducation morale Anglaise ou Américaine s'applique avant toute chose à développer chez l'enfant cette force personnelle, cette sécurité en son énergie individuelle qui fait l'homme vraiment libre et ne laisse dépendre de personne autre sa prospérité et son bonheur.

IV

Sanction de la loi naturelle.

D. — Toute loi comporte une sanction ; celui qui se révolte contre la loi doit souffrir pour sa révolte, celui qui l'observe doit être récompensé. Il n'y a pas de loi efficace, si les actes n'entraînent que des conséquences indifférentes. Quelle est la sanction de la loi naturelle ?

R. — La sanction de la loi naturelle frappe l'individu et la communauté sociale.

Elle s'exerce plus particulièrement sur l'individu dans les cas intéressant l'individualisme. Elle le récompense ou le punit dans sa conscience morale et par le développement ou l'amoindrissement de sa personnalité.

Elle s'exerce sur l'ensemble de la société par la solidarité qui étend à tout le groupe social les conséquences bonnes ou mauvaises, profitables ou nuisibles, des actes individuels, comme il a été expliqué plus haut.

D. — Quels sont les effets de la sanction dans la conscience ?

R. — L'homme coupable d'une infraction à la loi naturelle en subit une peine :

1º Par le malaise intime résultant du désaccord de sa conduite avec l'ordre que nous donne la nature d'obéir au devoir, condition du bonheur de tous, et par le sentiment pénible de sa faiblesse, tandis que l'homme vertueux éprouve la joie du devoir accompli et se sent fortifié pour le bien ;

2º Au lieu du vif plaisir qu'accorde aux bonnes actions l'approbation et l'estime de nos concitoyens, le coupable souffre la honte de leur mépris et, si son action reste ignorée, il garde au moins le sentiment de son isolement moral et la crainte que son indignité ne devienne publique ;

3º Enfin à l'exception des criminels de naissance, des monstres dont la constitution morale est atrophiée, tout homme entend au fond de son cœur la voix de l'humanité qui lui reproche la souffrance créée par sa faute ou le réjouit par la pensée du bonheur dont il est l'auteur.

D. — Quels sont les effets de la sanction par le développement ou l'amoindrissement de la personnalité ?

R. — La pratique du bien nous prédispose à bien faire par habitude, tandis que la mauvaise action vicie notre nature et l'incline aux rechutes.

Aussi pendant qu'il voit autour de lui le caractère de ceux qui règlent leur vie sur la loi naturelle se fortifier, leurs capacités s'épanouir et leur aptitude au bonheur s'accroître, l'homme qui a faibli, se sent devenir graduellement l'esclave impuissant de son vice. S'il ne réagit pas vigoureusement pendant qu'il en est encore temps, il compromettra sa santé, sa fortune, le bonheur des siens, et il assistera à sa propre ruine, honteux, torturé, mais incapable de se soustraire à la tyrannie de l'ennemi qu'il a laissé s'installer chez lui. C'est la lamentable histoire des joueurs, des débauchés, des alcooliques, morphinomanes, etc., etc... La plupart d'entre eux subissent de véritables tortures physiques et mentales et un affaiblissement de la volonté qui leur ôte tout espoir de délivrance.

Quant à la sanction de nos actes qui frappe la communauté sociale, il ne faudrait pas croire que nous en soyons personnellement tout à fait désintéressés, dût-elle ne produire ses effets qu'après notre mort. S'il est très vrai que rien n'autorise à croire à la surveillance de la personnalité qui sert de lien fragile à tous les éléments de notre être, il est encore plus certain que rien de nous ne disparaît et que tous ces éléments continuent à avoir un rôle dans la vie universelle et à être affectés par ses conditions. Nos cellules participeront indéfiniment aux évolutions de la nature par leur concours à de nouvelles existences.

Il n'est pas exact de dire et de croire que les hommes

sont incapables de s'intéresser à ce qui ne touche pas leur personnalité. L'amour de l'humanité, abstraction faite de tout intérêt personnel parle souvent très haut dans le conseil de nos délibérations. Combien d'entre nous par exemple n'ont-ils pas été émus des souffrances dont la traite des nègres est la cause, alors que ses victimes nous sont tout à fait étrangères et inconnues ? A plus forte raison celui qui se sent partie intégrante des êtres à venir ne peut-il se désintéresser complètement de faire de notre monde une habitation plus agréable, d'y étouffer ce qui subsiste de barbarie et de cruauté, d'étendre partout les bienfaits de la civilisation et de propager la bonté, la paix et le bonheur.

V

Le devoir individuel.

D. — Nous avons vu que la loi naturelle nous commande d'apporter un concours efficace au progrès de l'humanité et, pour atteindre ce but, de commencer par développer en nous-même toutes nos aptitudes, tous nos moyens d'action.

Quels devoirs nous impose ce commandement ?

R. — La loi naturelle crée deux grandes catégories d'obligations que nous désignerons sous les noms suivants :

1° Le devoir individuel, celui qui a pour objet notre propre personnalité ;

2° Le devoir altruiste, celui qui a pour objet les autres êtres et qui par conséquent règle les rapports des hommes entre eux.

D. — En quoi consiste le devoir individuel?

R. — Le devoir individuel comprend notre développement physique, notre développement intellectuel et notre développement moral.

D. — Que devons-nous faire pour notre développement physique?

R. — Fortifier nos muscles par l'exercice ; ne pas habituer notre corps à des précautions excessives, mais observer les prescriptions de l'hygiène ; surtout nous garder des abus des plaisirs des sens, de tout ce qui peut devenir habitude tyrannique ou dégradante et ruiner nos facultés physiques et nos organes intellectuels, comme le font les excès de la table, l'érotomanie, l'alcoolisme, le morphinisme, etc...

D. — Que devons-nous faire pour notre développement intellectuel ?

R. — Nous devons nous instruire. L'ignorant est comme un aveugle qui ne peut marcher sans courir le risque de buter contre un obstacle, qui juge mal de la place de chaque chose dans le monde, qui dans tous ses mouvements est devancé par l'homme clairvoyant et resté exposé à des accidents. L'ignorant est condamné à un rôle inférieur dans la société.

Les préjugés, les erreurs, l'entêtement à défendre des opinions absurdes, et plus malheureusement encore l'intolérance et la méchanceté sont les compagnons ordinaires de l'ignorance.

Instruisons-nous donc ; exerçons notre observation et notre jugement ; évitons de fausser nos facultés en alimentant notre pensée de fictions et de rêveries propres à nous ôter le goût et la connaissance du réel et à amortir notre activité. Ne lisons pas le premier livre venu, pas plus que nous ne boirions à un flacon sans savoir ce qu'il contient ; pas plus que nous n'admettrions dans notre intimité un personnage douteux. Enfin cultivons dans les arts, si nous le pouvons, l'amour du vrai et du beau, source de nobles jouissances qui ne dépendent pas des hasards de la fortune.

D. — Que devons-nous faire pour notre développement moral ?

R. — Pour faire de nous un être moral digne de l'estime et de l'affection de nos semblables nous devons nous respecter nous-même, c'est-à-dire avoir conscience et souci de notre dignité personnelle, ne jamais nous abaisser au mensonge ou à la dissimulation, par dessus tout fortifier notre volonté pour être maître d'ordonner nos actions raisonnablement, contrairement aux mauvaises impulsions.

Quand notre jugement éclairé nous montre qu'une action serait funeste à nous-même ou à d'autres, qu'elle nous diminuerait aux yeux des hommes ou à ceux de notre conscience, il ne faut pas permettre que quelque chose en nous s'arroge le pouvoir de nous faire agir

sottement et de nous tenir dans une dépendance hon-
teuse.

D. — Quels moyens pratiques peuvent facili-
ter notre développement moral ?

R. — Il y en a trois principaux :

1° Une vie occupée et bien réglée ;

2° Un milieu favorable, des amis honnêtes, de
bonnes lectures ;

3° La surveillance quotidienne de nos actions.

1° Une vie occupée et bien réglée. — La morale naturelle n'approuve pas la mortification ; mais elle veut
l'expansion de notre être, la mise en activité de nos
facultés, par conséquent le travail et l'effort.

Le travail est une loi essentielle de la nature et si
nous voulons être heureux, il ne faut pas essayer de
nous y soustraire. Il faut au contraire nous le rendre
agréable en donnant à notre activité un but intéressant
et élevé, par exemple celui d'être utile ou agréable aux
êtres que nous aimons, celui de nous faire aimer et estimer, celui de nous élever dans notre propre estime par
le perfectionnement de nos aptitudes et l'amélioration
de notre caractère.

L'homme qui par paresse élimine de sa vie toute
espèce de devoirs et d'efforts, est sûr de devenir un atro-
phié condamné au supplice de l'ennui. Nos plaisirs les
plus vifs procèdent toujours d'une réaction ; le bon
repas est celui que précède la faim ; l'exercice lassant
assure le repos agréable ; enfin rien n'égale la joie
interne qui suit l'accomplissement d'un devoir pénible.

2° Un milieu favorable. — Celui qui aspire à une
bonne santé n'établit pas sa résidence dans un air vicié
par la présence de maladies contagieuses ; il ne boit
pas d'eau contaminée ; il tient son corps propre et à
l'abri des contacts malsains. Il ne faut pas procéder
autrement pour notre bonne santé morale.

Il est souvent difficile de résister à de mauvaises

impulsions ; mais il est ordinairement facile de se placer dans les conditions où les bonnes impulsions seront plus nombreuses et plus fortes.

Évitons donc la fréquentation des vicieux et choisissons-nous des amis dont la société constitue pour nous un milieu sain et vivifiant.

Ne permettons pas que l'action énervante des écrits et des arts licencieux vienne troubler dangereusement l'équilibre de notre tempérament. Aucune théorie des droits de l'esthétique ne saurait prévaloir contre nos droits à la vie honnête et heureuse. Toutes les fois que la lecture d'un livre ou l'audition d'une pièce de théâtre nous laisse moralement affaiblis, alanguis, découragés de l'effort, affectés de pessimisme dans nos jugements sur la vie et la société, en un mot moins bons et moins heureux de vivre que nous n'étions auparavant, déclarons hautement que c'est une œuvre malsaine à proscrire des sociétés honnêtes. Sa valeur artistique intrinsèque ne la justifie pas du mal qu'elle fait.

3° *La surveillance quotidienne de nos actes.* — Une vague aspiration au bien ne suffit pas à nous assurer dans la bonne voie. Il faut avoir constamment notre amélioration en vue, savoir quelle qualité nous nous proposons plus particulièrement d'affermir en nous, de quelle conquête morale nous voulons enrichir notre personnalité. Nous devons nous tracer un programme d'efforts gradués comme l'homme qui veut accroître la force de son bras en maniant chaque jour des haltères de plus en plus pesants ; enfin constater par une revue quotidienne de notre conduite nos succès ou nos défaites et préparer nos progrès par de prudentes résolutions.

Celui qui se pose tous les jours cette question : « Ai-je créé par ma faiblesse un dommage à moi-même ou aux autres, une souffrance, une injustice, une haine qui n'auraient pas pris place dans le monde sans moi ? » et qui s'efforce de mériter une réponse satisfaisante de sa conscience, est un homme de bien qui rend sa vie intéressante et qui mérite d'être estimé et aimé. L'ambition du bien le portera à élargir sa question et à vouloir constater chaque jour que le monde lui doit une joie, un soulagement de la douleur, un bon mouvement du cœur qui ne se serait pas produit sans son initiative.

VI

Le devoir altruiste.

D. — En quoi consiste le devoir altruiste?

R. — Il consiste à ne rien faire qui puisse causer dans le monde un dommage ou une souffrance et à nous efforcer au contraire d'y être un élément de progrès et de bonheur.

D. — Quelles obligations spéciales comporte ce devoir ?

R. — Les obligations qu'il comporte peuvent être classées en trois subdivisions :

A. Le devoir humanitaire ou social, celui qui prend pour objet la race humaine entière ;

B. Le devoir domestique qui a son application dans le cercle de la famille ;

C. Le devoir civique qui étend son action à toute la nation.

Aux règles comprises dans ces trois catégories, nous ajouterons un conseil qui n'a sa place dans aucune d'elles et qui appartiendrait autant à la classe des devoirs individuels qu'à celle des devoirs altruistes. Soyons bon envers les animaux par respect pour nous-même et pour ne pas ajouter inutilement à la souffrance qui attriste la vie de la nature.

Nous disons par respect pour nous-même, parce qu'il est indigne d'une créature raisonnable de se comporter plus méchamment qu'une brute incapable d'analyser les motifs de ses actes et de régler ses mouvements, et parce que l'exercice de la cruauté envers les animaux développe en nous l'habitude de la violence. Il en résulte souvent chez les dégénérescents inférieurs l'appétit monstrueux des souffrances de la chair.

A. Le devoir humanitaire.

D. — Quelles règles peuvent servir de formule au devoir humanitaire ?

R. — Il y a deux règles du devoir humanitaire qui correspondent à deux principes : La justice et la charité.

La justice établit la limite de nos obligations envers la société. Celui qui ne transgresse jamais cette limite est un honnête homme.

La charité nous porte plus loin et nous fait donner de nous-même plus que nous ne devons rigoureusement. Celui qui obéit à ses impulsions, est plus qu'un honnête homme ; c'est un homme vertueux.

La règle de justice c'est : Ne pas faire aux autres ce que nous ne voulons pas que les autres nous fassent.

La règle de charité c'est : Agir envers les autres comme nous serions heureux qu'ils agissent envers nous.

Ces deux règles contiennent toute la morale humanitaire.

D. — Exposez sommairement les principales obligations créées par la règle de justic .

R. —, Le principe de justice nous oblige équitablement à respecter chez autrui les droits dont nous lui demandons le respect pour nous-même.

Le premier de ces droits étant la sécurité personnelle, la morale nous interdit de porter atteinte à la personne d'autrui, de la maltraiter, de la menacer même ; à plus forte raison proscrit-elle l'homicide.

La même règle d'équité réciproque nous défend d'induire le prochain en erreur, de lui causer un préjudice dans ses biens, dans ses affections, dans sa réputation, par conséquent de mentir, de voler, de porter le trouble dans les familles, de calomnier.

Nous devons aussi respecter la liberté de conscience d'autrui, son droit de discuter nos opinions, d'établir soi-même ses convictions et d'y conformer sa conduite, sous la seule réserve qu'il respecte les mêmes droits chez les autres hommes.

D. — Exposez sommairement les effets de la loi de charité.

R. — Sous la chaude impulsion de la charité,

nous serons bons, secourables à ceux qui ont besoin d'être aidés, compatissants à ceux qui souffrent. Nous aimerons la race humaine ; nous voudrons concourir à son bonheur, ne serait-ce que par la paix que notre affabilité met dans les âmes et par le bon exemple de nos mœurs.

Si petit que soit le rayon de notre influence nous aurons ainsi la grande satisfaction intime d'être utiles dans la mesure que nous permettent les circonstances et après avoir donné sans nous inquiéter de la balance du compte, nous serons payés abondamment par la joie de sentir naître autour de nous la sympathie et l'affection.

La bonté est une vertu communicative; elle suscite la bonté chez les autres. Elle a une puissance surprenante et triomphe des résistances contre lesquelles la force et la violence ne peuvent rien. Il est bien rare de rencontrer un homme qui reste insensible à une parole affectueuse.

Le moyen le plus sûr d'être bon sans effort est de mieux connaître les hommes; la malice de leur volonté est si loin d'intervenir dans leurs mauvaises actions autant que nous sommes portés à le croire. Leur mauvaise constitution physique n'est-elle pas le plus souvent à l'origine de leurs humeurs pénibles? Ne trouvons-nous pas toujours des excuses aux fautes que nous avons commises? Nous avons souvent raison de ne pas nous croire si méchants que quelques-uns nous jugent; mais il faut savoir nous servir de la même mesure pour autrui. Sachons pardonner ; nous ne courrons pas le risque d'être injustes et au lieu de provoquer l'entêtement dans le mal qui suit ordinairement l'exercice de la vengeance, nous préparerons la route aux bonnes résolutions.

Il ne faut pas non plus par une erreur contraire croire à l'excellence générale de la nature humaine. C'est même parce que la nature humaine est souvent portée à mal faire que nous devons savoir l'excuser. L'homme trop confiant qui n'escompte que les bons instincts, est surpris d'être déçu et après quelques désillusions il est tenté de se rejeter aux exagérations du pessimisme.

Soyons donc bons avec clairvoyance et sachons excuser les erreurs d'autrui comme les nôtres.

D. — Que faut-il faire quand nous nous apercevons que nous avons causé un préjudice à autrui ?

R. — Il faut le réparer autant qu'il est en notre pouvoir.

B. Le devoir domestique.

D. — Quelles obligations comporte le devoir domestique ?

R. — Le devoir domestique ayant pour objet le bonheur et la prospérité des membres de la famille comporte pour eux l'obligation de se témoigner de l'affection, de s'entr'aider et de supporter réciproquement leurs défauts avec patience. Ces obligations strictes entre proches parents s'atténuent à mesure qu'elles s'étendent aux parentés éloignées.

En décrire toutes les applications sortirait des proportions de notre cadre. La solidarité qui enveloppe tous les hommes a son noyau de condensation dans la famille. C'est là que se multiplient les échanges de services et d'affection; c'est là qu'ils peuvent acquérir leur plus grande intensité; c'est donc là aussi qu'en vue du bonheur de tous il faut franchir les limites de la loi de justice pour se placer sans réserve sous les influences vivifiantes de la loi de charité.

Les époux qui ne savent s'accorder réciproquement

8

aucune tolérance et dont chacun s'aigrit de subir les défauts de l'autre tout en lui imposant les siens propres, se rendent malheureux alors qu'il suffirait souvent d'un peu de générosité et de patience pour ramener la paix et le bonheur au foyer.

Les ménages heureux ont des enfants. C'est une grande affliction pour un ménage d'être stérile, car les facultés de la femme souffrent d'être inutilisées. L'énervement de ses sens et l'ennui de l'oisiveté dans les familles où la fortune dispense la femme de travailler, aigrissent son caractère. Le lien qui doit resserrer l'affection des époux et associer leurs pensées, leurs espérances, leurs efforts dans une même intention, leur fait défaut.

La mère remplit son premier devoir envers son enfant en lui donnant son lait, et ce petit être s'éveillant à la vie apprend dans ce premier service de l'amour maternel à recourir à sa mère avec confiance.

Les enfants sont élevés avec une sollicitude intelligente, c'est-à-dire que les parents prévoyants pour eux les luttes de la vie s'occupent de les y préparer en n'amollissant ni leur corps par des précautions excessives ni leur âme par des caresses continuelles et par une attention empressée à satisfaire tous leurs désirs.

L'homme doit apprendre dès le premier âge que sa volonté ne trouvera pas la nature entière inclinée à lui obéir et que l'usage de sa liberté doit être contenu dans les limites du devoir. Une tendresse maladroite développe chez l'enfant des besoins de bien-être et de luxe et l'habitude de se faire servir. Sans lui apporter une bien vive satisfaction à l'âge où il est, ce genre de vie lui prépare pour l'avenir des privations pénibles et l'incapacité de se tirer d'affaire sans le secours d'autrui. Enfin l'abus des cajoleries féminines dans l'éducation des jeunes garçons est un excitant bien dangereux pour leur système nerveux en même temps qu'il amollit leur caractère. Il ne faut attendre de ces enfants ni le goût du travail ni un effort soutenu.

C'est tout à fait au début de la vie qu'il importe de mettre dans l'âme de l'enfant l'empreinte des sentiments moraux, tâche facile et intéressante, mais qui exige que les parents aient un programme moral et ne démentent pas leurs conseils par leurs exemples. Que les parents sachent bien que la formation du caractère et la mise en valeur des aptitudes morales de leurs enfants doivent être leur œuvre bien plus que celle des maîtres qui n'interviendront que trop tard, lorsque les plis seront déjà formés.

Tout en remplissant leur rôle dans la formation du caractère de l'enfant, le père et la mère doivent s'appliquer à ne pas trop entraver son initiative ni briser sa volonté. Qu'ils évitent de donner à la morale et de se donner à eux-mêmes un aspect sévère, dur, qui décourage les mouvements d'expansion confiante. Qu'ils se gardent des brusqueries, des inégalités d'humeur et de l'habitude de suspecter les intentions. Il faut toujours avoir l'air de croire à la bonté, à la sagesse, à la franchise de l'enfant pour qu'il s'intéresse à maintenir cette réputation. Le suspecter à tort c'est le familiariser avec la faute. Que les parents s'adressent à l'intelligence et au cœur de l'enfant pour obtenir de sa bonne volonté un concours réel au lieu des apparences de soumission auxquelles contraint une autorité maladroite.

Les parents doivent fournir à l'être qu'ils ont mis au monde les moyens d'y faire son chemin. Ils lui doivent avec l'éducation morale l'éducation intellectuelle et le concours de leur fortune dans la mesure possible et convenable, c'est-à-dire en évitant qu'une trop grande sécurité dans les ressources de la générosité paternelle ne serve qu'à décourager l'effort.

Le devoir des enfants est de reconnaître l'affection de leurs parents en se montrant affectueux et dociles. Ils y seront portés tout naturellement s'ils se persuadent bien qu'ils n'ont pas au monde des amis comparables, et ils n'auront pas de peine à excuser quelques mouvements de mauvaise humeur ou quelques travers de caractère qui peuvent donner par moment un aspect un peu déplaisant à la préoccupation de faire d'eux des êtres honnêtes et heureux. Quand ils auront eux-mêmes des enfants, ils apprécieront mieux le dévouement des parents et les difficultés de leur tâche, et se souvenant de la sollicitude affectueuse dont ils ont été entourés dans leur jeune âge, ils aimeront rendre à la vieillesse de leur père et de leur mère une partie des bienfaits reçus. Ils les entoureront de leur respect et de leur affection, et ils les aideront dans leurs besoins matériels s'ils n'ont pas des ressources suffisantes.

La famille doit être un port à l'abri des orages. Le calme doit y régner continuellement. Il ne faut pas que la crainte des bourrasques y paralyse les mouvements affectueux et abandonnés. Que chacun vienne avec confiance au foyer paternel comme à un refuge assuré où s'apaisent les chagrins et les discordes passagères.

L'organisation de la famille a varié suivant les époques et les lieux. Elle n'était pas du temps des patriarches ce qu'elle est aujourd'hui. Elle n'est pas la même en Orient et en Occident; mais partout la famille reste la cellule organique de la société et celle de la vie heureuse.

Dans tout groupement humain il faut une hié-
rarchie, une autorité responsable et qui exerce
le commandement dans l'intérêt commun sous la
condition d'en être moralement capable et d'y
apporter la modération qui le rende acceptable. Dans la famille c'est au père qu'incombe
l'exercice de cette autorité.

La loi morale du mariage comporte la perma-
nence des engagements entre époux et la fidélité
qu'ils se sont promise. Manquer à ces engagements, rendre malheureux par son inconduite
les êtres qui nous aiment et dont la vie est intimement unie à la nôtre, c'est commettre une
faute morale qu'on ne saurait excuser légère-
ment.

Telle est l'esquisse sommaire de la morale familiale.
Etabli entre des êtres sages, le concours des volontés
réglé par cette loi n'a rien que d'agréable et d'avantageux pour tous. Les difficultés ne naissent que de l'im-
perfection et de la faute des individus. C'est cette faute,
cette erreur d'intention ou cette malice qu'il faut combattre par une sage instruction morale, et il n'y a pas
lieu de démolir la famille parce qu'elle ne réalise pas le
bonheur entre des êtres vicieux ou tout au moins impar-
faits. Là comme partout ailleurs la solidarité inévi-
table fait souffrir les bons par la faute des mauvais.
Ayons donc la prudence de ne pas associer notre sort
à celui d'êtres notoirement immoraux dans la mesure où
cela dépend de nous.

C. Le devoir civique.

D. — Quelles obligations comprend le devoir
civique ?

8.

R. — Le devoir civique comprend l'amour de la patrie et la soumission aux lois de la nation. La soumission aux lois est un devoir de justice ; l'amour de la patrie est un devoir de charité.

D. — Pourquoi devons-nous aimer notre patrie ?

R. — Parce que la patrie est une forme agrandie de la famille. C'est le second cercle plus étendu de la solidarité des intérêts et des effets bienfaisants de la sympathie.

Nous sommes unis avec les habitants de notre pays par la communauté d'origine, de mœurs, de souvenirs historiques, de travail commun, de prospérités et d'épreuves partagées, par l'amour du même sol, par le même langage, souvent par les aptitudes semblables de la race, enfin par les intérêts généraux. L'échange des services et l'affection qu'ils font naître naturellement y sont moins compacts que dans la famille, mais établissent néanmoins entre les concitoyens une association féconde pour le bonheur de chacun de ses membres.

D. — L'amour de la patrie n'est-il pas un obstacle à l'amour de l'humanité entière ?

R. — Aimer ses compatriotes n'implique pas de haïr les autres hommes, pas plus que d'aimer sa famille n'oblige à de l'animosité contre ceux qui n'en font pas partie. Il ne faut pas confondre l'amour éclairé de la patrie avec le chauvinisme. Autant le premier de ces sentiments est recommandable et fécond pour la prospérité publique, autant le second qui développe moins l'amour de nos concitoyens que la haine de l'étranger, l'esprit de conquête et une estime vantarde de nous-mêmes, est absurde, immoral et contraire au progrès.

D. — Pourquoi devons-nous obéissance aux lois de notre pays ?

R. — Parce que ces lois sont la formule nécessaire de l'échange des services entre les habitants d'un même pays et la sauvegarde de nos droits aussi bien que des droits de chacun de nos concitoyens ; et parce que, prenant notre part des avantages de l'association, il est équitable que nous ne refusions pas notre concours à ceux qui nous ont donné le leur. Il ne serait pas honnête d'introduire le désordre dans la vie de la nation par une révolte inconsidérée.

Nous devons nous garder d'une erreur vulgaire qui consiste à prendre l'état, le gouvernement du pays, pour une personne distincte et ennemie à laquelle il est bon de jouer des tours et de faire toute l'opposition possible. Dans une autocratie où le détenteur du pouvoir en use arbitrairement et sans contrôle, cette résistance se comprend et se justifie souvent ; mais dans un pays libre comme le nôtre où le pouvoir émane du suffrage universel qui exerce son contrôle sur lui et reste maître de remplacer ses mandataires indignes, elle est une inconséquence regrettable et elle entrave les mouvements utiles.

Pour bien comprendre la nature de l'obligation qui dicte notre soumission à la loi civile, il est nécessaire de rappeler brièvement les origines de cette loi.

Les hommes progressant de l'état sauvage à la civilisation se sont organisés partout en sociétés pour jouir des avantages de l'association, au nombre desquels est la

division du travail. On comprend aisément que pour
développer l'échange de leurs produits et profiter des
ressources des pays éloignés, ils ont voulu créer des
voies de communication et en garantir la sécurité. La
conduite des grands travaux d'utilité publique exigeait
une étude spéciale et une direction libre d'autres soucis.
Il fallait aussi assurer par une armée et un matériel de
guerre la défense du territoire contre les incursions des
pillards et des ennemis ; régler l'exercice des droits des
citoyens entre eux afin d'empêcher les empiétements
injustes ; établir un corps de juges pour prononcer équitablement dans les conflits entre les intérêts particuliers et pour protéger la société contre les attentats criminels. Il fallait surtout dresser un code précis des
obligations des citoyens pour que chacun sût exactement ce qu'il devait à la société et ce que la société lui
devait.

Dans le but d'assurer l'exécution de tous ces travaux,
les citoyens s'assemblent et choisissent parmi eux ceux à
qui ils croient bon d'en confier la charge et le soin d'organiser la contribution de chaque habitant du pays aux
dépenses des services qui les intéressent tous. Il est
entendu implicitement que tous se soumettront aux lois
édictées par leurs représentants, la soumission de chacun individuellement étant la condition équitable de la
soumission de tous.

La prospérité de toute la nation est intéressée au
fonctionnement régulier de cette organisation et celui
qui le trouble sans raison légitime fait acte de mauvais
citoyen nuisible à la communauté. Celui qui fraude
l'état de sa contribution aux impôts, vole ses concitoyens qui paient la leur et qui sont obligés de payer en
plus sa part dont il a frustré le trésor commun.

D. — La loi civile pour être fondée à exiger
l'obéissance des citoyens ne doit-elle pas remplir
certaines conditions ?

R. — La loi civile nous oblige en fait à une

soumission au moins provisoire dès qu'elle est édictée par la majorité des représentants de la nation. Moralement elle ne peut exiger notre obéissance que si elle ne viole ni les principes de la morale ni les droits inaliénables de l'individu.

D. — Quels sont les droits inaliénables de l'individu ?

R. — Ils se résument tous dans l'égalité des droits entre tous les citoyens et dans la liberté de penser, de dire et de faire tout ce qui n'est pas contraire à la morale ni au juste exercice des droits d'autrui. L'exercice des droits naturels de chaque homme n'a d'autres bornes que celles qui assurent aux autres membres de la société la jouissance des mêmes droits (1).

D. — Si la loi nous paraît immorale ou injuste, que devons-nous faire ?

R. — Si nous jugeons la loi injuste, immorale, contraire à l'intérêt public, nous devons d'abord réfléchir qu'il est moral, en attendant la réforme de la loi, de continuer à remplir nos obligations de bon citoyen et de ne pas provoquer un trouble préjudiciable à notre pays par un refus d'obéir à une autorité régulièrement constituée et dont nous n'avons pas hésité à accepter les services en ce qui nous était agréable. Il est opportun de nous rappeler que l'exemple de

(1) Voir la déclaration des droits de l'homme par l'assemblée nationale constituante de 1791.

la révolte met en mouvement la lie de la société toujours prête à faire du désordre dans l'espoir d'en tirer quelque mauvais profit et que la partie laborieuse et honnête de la population en pâtit. Nous devons ensuite ne pas prétendre substituer sans débat notre sagesse individuelle à celle de la majorité de nos concitoyens. Enfin il nous reste le moyen d'action prudent et légal, qui est de mettre notre opinion en valeur en la propageant, en conviant le gouvernement à l'étudier, en nommant des représentants capables de la défendre. Nous faisons ainsi une œuvre saine et profitable au bien général et nous restons bon citoyen.

D. — La loi civile a-t-elle le droit de contraindre par la force ou de punir les révoltés ?

R. — Oui. Il faut une sanction pénale à la loi civile dans l'intérêt public. L'homme le plus avide de liberté, si son jugement est sain et non influencé par quelque utopie, ne conçoit pas comme un progrès une organisation sociale où chacun serait libre d'exercer impunément des sévices sur lui ou sur ses enfants, de piller les biens particuliers ou publics, de brûler les bibliothèques et les musées, de ravager les promenades entretenues pour le bien-être de tous, de refuser sa contribution aux impôts destinés à payer les services dont chacun profite.

Quelque conception qu'ils aient de la responsabilité des délinquants et des criminels, la très grande majorité des hommes veulent être proté-

gés et jouir en paix de leurs droits; mais c'est à
cette protection efficace que doit tendre et se borner le système de répression. Le juge est respec-
table dans l'exercice de ses fonctions tant qu'il
remplit sa mission au nom de la défense sociale.
Il devient grotesque dès qu'il prétend juger au
nom de Dieu et s'auréoler de la justice éternelle
pour faire expier sa faute au coupable en mesu-
rant exactement sa responsabilité.

Notre système de juridiction et de châtiment légal a
été conçu d'après les anciennes notions métaphysiques
et il apparaît aux yeux de tout le monde qu'il exige
d'être refondu dans les moules des données positives. La
justice humaine ne doit pas torturer les coupables; à
plus forte raison devrait-elle respecter les accusés
mieux qu'elle ne fait. Elle doit borner son rôle à protéger les citoyens honnêtes et à mettre les autres dans
l'impossibilité de nuire. Quand elle punit, ce doit être
seulement dans une intention préventive (1).

Il faudrait nous garder aussi de l'exagération du sen-
timentalisme et de l'indulgence, surtout à l'égard des
criminels récidivistes. Quand il est bien démontré qu'un
homme est un fou dangereux ou un criminel incorri-
gible, il n'y a aucune raison morale de lui laisser la
liberté de faire le mal, et il n'est pas très sage non plus
de lui assurer aux frais de la société un bien-être supérieur à celui auquel il pouvait prétendre en travaillant
honnêtement. N'exerçons jamais de vengeance contre
ces êtres malfaisants; mais ne leur décernons pas une
récompense nationale et ne faisons pas leur sort envia-
ble comparativement à celui de nos prolétaires labo-
rieux.

----

(1) Pour la critique logique de l'idée de sanction par
la justice distributive, consulter M. Guyau: *Esquisse
d'une morale sans obligation ni sanction.*

Conclusion

A ceux qui nous demanderaient quelle conclusion pratique nous prétendons dégager des arguments exposés dans cet opuscule, nous répondrons : Aucune.

Les transformations de la morale d'un peuple ne sont le fait ni d'un homme ou de quelques hommes, ni d'un moment. Elles se réalisent par l'évolution lente des forces qui actionnent les sociétés et elles sont l'effet du concours de tous. Il faut donc semer les idées et laisser faire. A mesure que le milieu offrira des conditions favorables, les idées germeront d'elles-mêmes et sauront prendre la forme précise qui leur convient.

En attendant, notre rôle, si modeste qu'il soit, a de quoi intéresser notre vie. Préparons par nos initiatives individuelles la vulgarisation des idées que nous avons reconnues vraies. Mettons autant que possible nos actes et nos discours en harmonie avec elles. Formons des convictions et donnons l'exemple qui encourage l'imitation. Soyons enfin les pionniers et les éclaireurs de la route par où passera l'armée du progrès, armée pacifique qui ne fait jamais de conquêtes par la violence et ne doit ses triomphes qu'à la libre soumission des hommes reconnaissant l'autorité de la Vérité.

FIN

TABLEAU — DES DROITS ET DES DEVOIRS

DROITS

L'homme a le droit de penser, dire et faire tout ce que ne lui défend pas le devoir, c'est-à-dire tout ce qui ne peut nuire ni à lui-même ni à autrui.

Il a le droit d'attendre d'autrui le respect de sa liberté comme il respecte celle d'autrui.

Il a droit dans la mesure d'une parfaite égalité à jouir des avantages que la nation offre à tous les citoyens.

DEVOIRS

DEVOIRS ENVERS SOI-MÊME

ENVERS SOI-MÊME

Fortifier son corps.
Fortifier son intelligence.
Fortifier son caractère.

Se respecter soi-même.
Être franc, droit, sincère.

DEVOIRS ENVERS AUTRUI

JUSTICE

Ne pas faire aux autres ce que nous ne voulons pas qu'ils nous fassent.

Particulièrement ne pas leur nuire dans leur liberté, dans leur sécurité, dans leurs biens, dans leur réputation, ne pas les induire en erreur.

DEVOIR HUMANITAIRE

Agir envers les autres comme nous serions heureux qu'ils agissent envers nous.

Nous aimer les uns les autres.
Nous entr'aider.
Chercher à créer du bonheur.

DEVOIR DOMESTIQUE

Ne pas manquer à ses engagements entre époux.
Exercer l'autorité de chef de famille avec bonté et intelligence.
Accepter cette autorité avec une soumission patiente.
Élever les enfants non pour soi, mais pour leur bonheur.
Se rendre réciproquement entre parents et enfants les services voulus par la loi naturelle, et reconnaître les bienfaits.

DEVOIR CIVIQUE

Obéir aux lois de la nation.
Ne pas créer du désordre ni nuire à la prospérité du pays par une révolte inconsidérée.

Aimer ses compatriotes.
Tâcher d'être utile à son pays.

Se demander tous les jours en quoi on a fauté, si on a créé une souffrance, une haine, une mauvaise action, ou si au contraire on a fait un peu de joie et de bonheur dans l'humanité.

DEVOIRS ENVERS AUTRUI

CHARITÉ

TABLE DES MATIÈRES

Arcis-sur-Aube. — Typ. Léon Frémont.

ARCIS-SUR-AUBE. — IMPRIMERIE LÉON FRÉMONT

THAÏ

VOCABULAIRE

FRANÇAIS
THAÏ

Les mots les plus utiles
Pour enrichir votre vocabulaire et aiguiser
vos compétences linguistiques

7000 mots

Vocabulaire Français-Thaï pour l'autoformation - 7000 mots

Par Andrey Taranov

Les dictionnaires T&P Books ont pour but de vous aider à apprendre, à mémoriser et à réviser votre vocabulaire en langue étrangère. Ce dictionnaire thématique couvre tous les grands domaines du quotidien: l'économie, les sciences, la culture, etc ...

Acquérir du vocabulaire avec les dictionnaires thématiques T&P Books vous offre les avantages suivants:

· Les données d'origine sont regroupées de manière cohérente, ce qui vous permet une mémorisation lexicale optimale
· La présentation conjointe de mots ayant la même racine vous permet de mémoriser des groupes sémantiques entiers (plutôt que des mots isolés)
· Les sous-groupes sémantiques vous permettent d'associer les mots entre eux de manière logique, ce qui facilite votre consolidation du vocabulaire
· Votre maîtrise de la langue peut être évaluée en fonction du nombre de mots acquis

T&P Books Publishing
www.tpbooks.com

ISBN: 978-1-78767-257-4

Ce livre existe également en format électronique.
Pour plus d'informations, veuillez consulter notre site: www.tpbooks.com ou rendez-vous sur ceux des grandes librairies en ligne.